开卷书坊第四辑

旧日文事

龚明德 著

上海辞书出版社

图书在版编目(CIP)数据

旧日文事 / 龚明德著. —上海：上海辞书出版社，2015.8

(开卷书坊. 第4辑)

ISBN 978-7-5326-4401-8

Ⅰ.①旧… Ⅱ.①龚… Ⅲ.①纪实文学—中国—当代 Ⅳ.①I25

中国版本图书馆CIP数据核字(2015)第121496号

旧日文事

龚明德　著

责任编辑/杨　凯　辛　琪　装帧设计/朱赢椿

技术编辑/顾　晴　责任校对/左钟亮

上海世纪出版股份有限公司

辞书出版社出版

中国图书进出口上海公司　发行

2015年8月第1版

ISBN 978-7-5326-4401-8/I·257

目录

鲁迅《一件小事》二题

《一件小事》写于哪一天？

鲁迅《一件小事》的写作时间，在人数众多的“鲁研”界研究成果中，至今仍未坐实到具体是一九一九年十一月中的哪一天。

作品最初在《晨报周年纪念增刊》发表时，没有注明写作时间。一九二三年八月北京大学第一院新潮社初次出版的鲁迅短篇小说集《呐喊》中，这篇作品的末尾注明的是“一九二〇年七月”，系鲁迅一九二二年五月中旬编《呐喊》时凭记忆补写的，不准确。但是这个不准确的“一九二〇年七月”的写作时间，在其后多种版本的《鲁迅全集》和各种重印的《呐喊》单行本和选本的该作品文末却一直被照录。

一九五六年十月人民文学出版社印行的十卷本《鲁迅全集》第一卷对《一件小事》的写作时间和

发表时间作了一个注："本篇最初可能发表于一九二〇年七月的北京《晨报》，因为一时还未找到这一期的该报，所以未能确定。"

一九八一年十六卷本和二〇〇五年十一月十八卷本《鲁迅全集》第一卷查证了《一件小事》的发表时间，为"一九一九年十二月一日北京《晨报周年纪念增刊》"，写作时间是一个推测："据报刊发表的年月及《鲁迅日记》，本篇写作时间当在一九一九年十一月。"这里的注释其实就是二十世纪七十年代包子衍《〈呐喊〉〈彷徨〉琐记》有关部分的文字。包子衍在抄录了鲁迅日记中涉及《一件小事》的内容后，写道："如果这样，此文当作于一九一九年十一月间。"

查阅当年相关时段《晨报》上的《晨报周年纪念增刊》出版预告，再参照周作人、胡适和鲁迅自己的日记，《一件小事》的写作时间可以落实到具体哪一天。

北京的《晨报》出版"周年纪念增刊"的决定，公布于一九一九年十一月二十六日至三十日这五天的每日该报第二版右上角，字号大、加粗框，非常醒目，题为《本报周年纪念大增刊豫告》，预告中有这样的句子，说包括“小说”在内的各“门”文章“皆请海内名家担任编述”。这儿的“编述”，就是“供稿”。也就是说，《晨报》编辑部是在完全落实了全部作者的“编述”承诺之后，才在《晨报》上登“周年纪念增刊”广告的。从周作人、胡适和鲁迅这三个“文艺”栏的作者的日记中，可以推知晨报馆是在这年十一月中旬头几天陆续发出约稿公函的。

在《晨报周年纪念增刊》“文艺”栏发表了译品《圣处女的花园》的周作人，在他当年的日记中有相关的记载。查周作人一九一九年十一月的日记并参阅《晨报周年纪念增刊》“文艺”栏，他是十日下午“得晨报社函”、十三日译“小说《圣母的花园》了”、十五日写《圣处女的花园》译后小记、二十日寄“晨报社函小说稿一篇”的。周作人译“俄人库普林”短篇小说在发表时易名为《圣处女的花园》，与周作人日记中记载的《圣母的花园》不完全一样。署“起明”译，“起明”是周作人的笔名之一。

一九一九年十二月一日《晨报周年纪念增刊》发表鲁迅《一件小事》

胡适在当时是大忙人，他是一九一九年十一月十五日答复晨报馆同意供稿的。查胡适当年日记，他本来是计划一周后的十一月十八日晚给《晨报周年纪念增刊》写供稿，在十八日这一天日记的“预算”栏晚七至十点四个钟点数后写着“答书若完，作传或作《晨报》文、文法讲义”，但在同行后的“实行”格中却是空白，也就是没有兑现。在十一月二十七日的日记“实行”一栏的“八”即上午八点钟记有“作诗《周岁》”，这“诗《周岁》”正是后来发表于《晨报周年纪念增刊》同一版面上鲁迅《一件小事》和冰心短文之前的文字。

据鲁迅日记，他一九一九年十一月十九日“得晨报馆信”。那段时间，鲁迅正忙于他在北京八道湾所购房屋的装修琐事，他到“单位”取信不是及时的。

在《晨报周年纪念增刊》发表了诗体贺词《周岁》的胡适，他当时的日记中载录着他是一九一九年十一月十五日“写答《晨报》信”的。

可以初步确定：《晨报周年纪念增刊》向作者

发出商讨性质的约稿公函的时间是这一年的十一月中旬。

再查鲁迅日记，他和他二弟周作人一家是一九一九年十一月二十一日上午“移入八道湾宅”的。二十一日下午和晚上，鲁迅都在新家摆弄收拾。一切安定后，鲁迅美美地睡到第二天上午，起床后就写信给晨报馆，答应为《晨报周年纪念增刊》提供稿件。

一九一九年十一月二十三日正好是星期日，这天下午鲁迅接待了一批来祝贺他们一家乔迁新居的老朋友，这些老朋友全是当时的名流，如陈百年、朱希祖、沈尹默、钱稻孙、刘半农、马幼渔等。

应该处理的家庭琐务和必要的迎来送往都结束后，为兑现前天给晨报馆供稿的书面承诺，在二十三日的晚间鲁迅写了《一件小事》，第二天即二十四日下午把《一件小事》原稿寄给了晨报馆。

这就是鲁迅日记中一九一九年十一月二十二日和二十四日的两天所记上午和下午分别“寄晨报馆信”的实际内容。

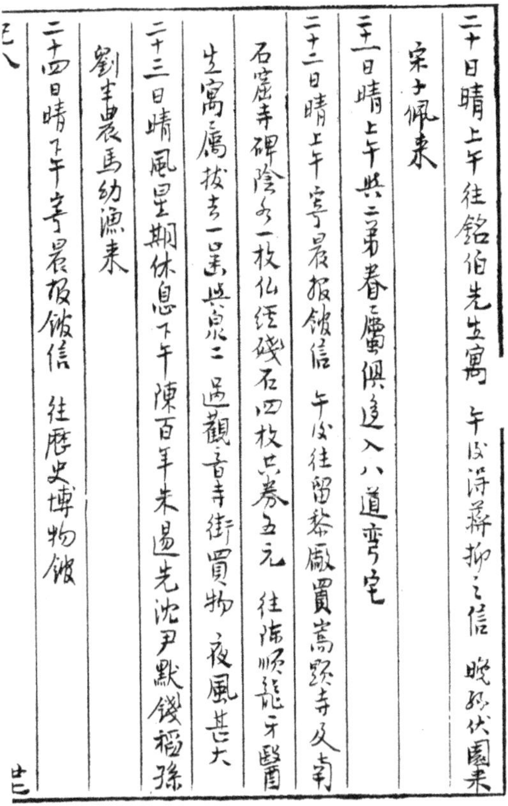
二十日 晴 上午往銘伯先生寓 午後得蔣抑卮信 晚邵伏園來
宋子佩來
二十一日 晴 上午與二弟眷屬俱遷入八道灣宅
二十二日 晴 上午寄晨報館信 午後往留黎廠買嵩嶽寺及南
石窟寺碑陰各一枚 仙經殘石四枚 共券五元 往陳順龍牙醫
生寓屬拔去一齒 與泉二 過觀音寺街買物 夜風甚大
二十三日 晴 風 星期休息 下午陳百年 朱逷先 沈尹默 錢稻孫
劉半農 馬幼漁來
二十四日 晴 下午寄晨報館信 往歷史博物館

鲁迅一九一九年十一月日记载有“寄晨报馆信”两次

一九一九年十二月一日晚，晨报馆“请吃饭”。胡适在这天晚上六点钟礼节性地先出席了一个叫“潘力山”的人邀请的晚宴，稍坐即又匆匆赶去吃晚七点钟的晨报馆的晚宴，估计十九岁的冰心也去了。可惜鲁迅和周作人都因意外的原因而没有出席。鲁迅这天清晨就坐车离开了北京，先到天津，再转车去上海，最后到杭州回绍兴。此次，鲁迅回到故乡卖掉了老家的“祖屋”，把母亲和原配夫人朱安等家人接到北京八道湾定居。周作人则在前一天已是“右下腭肿，不便于饮食”了，十二月一日这一天还专门“至利亚买药，至校告假，下午一时返睡少顷。头痛，晚早睡”后“腭肿稍退”。

这个一九一九年十二月一日的晨报馆晚宴，当然就是隆重庆贺《晨报》周岁纪念的程序之一，重要作者估计都在邀请之列。倘若鲁迅不是因家事拖累、周作人不是因口腔生病，他们多半会出席的。

现在可以确定下来了：鲁迅《一件小事》写于一九一九年十一月二十三日晚，一周后发表于十二月一日的《晨报周年纪念增刊》。

《一件小事》不是表扬信也不是检讨书

算不算先入为主，我不敢坚决否认，但我可以断定：仅仅为了概括“劳动人民身上”的“某些大公无私的优秀品质”（如唐弢写于一九五五年十二月的《“小事”不小——谈〈一件小事〉》，见文化艺术出版社一九九一年二月唐弢《鲁迅论集》第二一〇页），仅仅为了歌颂“下等人的高尚的精神情操”和鞭挞“上等人的丑恶灵魂”（如王景山主编、中国和平出版社一九九一年九月《鲁迅名作鉴赏辞典》第四十五页刘国盈鉴赏文），已经三十九岁的写过成熟作品《狂人日记》等的鲁迅是不会写出满篇都荡漾着思想张力的“超短”小说《一件小事》的。把一件具有独创性的文学作品理解得等同于一封表扬信或一份检讨书，对于一位文学巨匠来说，是让后人中的严谨学者不堪忍受的。对鲁迅的小说创作的文本研究，我总觉得整体性的不够具体，没有在文本方面解读到作品自身，泛泛而论者比比皆是，落到实处的真知灼见寥如晨星。

直到重读一九九一年第十期《读书》上所刊王乾坤《文化把握中的统觉——读罗素、鲁迅论轿夫断想》中有关《一件小事》的分析片断，我的眼前才豁然一亮。王乾坤没有具体释说到鲁迅《一件小事》的文本，但是他的论说方式指向了可以贴近鲁迅《一件小事》的释读思路，照录王乾坤的有关文章段落如下：

> ……鲁迅论车夫之笑是释读这篇短文的一枚钥匙。可是就笔者的阅读范围来看，人们很少做这种联想。解释者大同小异地说，它是鲁迅对劳动者传统的善良美德的歌颂，同时是知识者的心灵解剖或“慎独”。这当然不是全无道理，然而我想，这恐怕在更大程度上是解释者价值图式的“同化”。
>
> 由于这种同化作用，一个很简单的逻辑推论给忽视了：如果车夫表现出的仅仅是传统美德，鲁迅何以会有以往不曾有过的突然“感

到异样的感觉”？我们知道，传统美德在中国百姓身上决不是一种偶然，而鲁迅既不是漂洋而来的绅士，也不是远离黎民的阔佬，他对中国的劳动者并不陌生，何以偏偏这一次无病呻吟，突发惊讶？

同化作用还使得解释者疏忽了文本给出的这样一个细节：车夫对坐车人（即他眼中的上等人）并不善良宽厚，对坐车人的冷漠和“走你的罢”的命令，他竟是“毫不理会——或者并没有听到”，不客气地将其晾在一边，“毫不踌躇”地放下车子，搀着显然比自己更下等的老妪向前走去。

这个细节的价值蕴藉，其实就是“轿夫对坐轿人不含笑”。唯其如此，这才使痛心疾首于国民不争的鲁迅先生在“一天比一天看不起人”的悲观心情中，突然“感到异样的感觉”，从而“增加了勇气和希望”。这个希望就是：在中国，有对坐轿人并不一定含笑的车夫在，有对上等人并不卑躬的民众在。这个希望与他对轿夫的失望互为注脚，恰好表现出同一种价值思想和期待。

重温了这一段旧文，沿着鲁迅《一件小事》的内容方向，试着来细读这篇名作。

鲁迅的《一件小事》，可分为如下几个阅读层次。

第一自然段写"我的坏脾气"也就是"看不起人"，自"一件小事"发生却改变了"我"，使"我"眼前出现了看得起的人。

"我"看得起的是什么样的人呢？是"毫不理会"雇主之命令而一门心思干自己愿意干的事情的我曾"雇定"过的一位车夫。由于这车夫，"我"在"仰视"他"刹时高大"的"满身灰尘的后影"之际，突然发觉了自己的"小"，"并且增长我的勇气和希望"。如果要说明这"勇气和希望"是什么，可以引用《藤野先生》的结句："每当夜间疲倦，正想偷懒时，仰面在灯光中瞥见他黑瘦的面貌，似乎正要说出抑扬顿挫的话来，便使我忽又良心发现，而且增加勇气了，于是点上一枝烟，再继续写些为‘正人君子’之流所深恶痛疾的文字。”

“车夫”在《一件小事》中，是作为民族希望的星火之光来塑造的。作品中的车夫，从出现到消失，他的身份都是一名被“我”雇用的人，看原著中描述语气的坚决——

雇定了一辆人力车，教他拉到S门去。

不容置疑：车，“我”要坐；方向，全听“我”指挥。车夫呢，只有“跑得更快”的份儿。当“车把上带着一个人，慢慢地倒了”之时——

我便对他说，“没有什么的。走你的罢！”

鲁迅写这一处关键场面时，颇为细心，语句短促，口气果断，并用一个惊叹号把声音放大。车夫肯定听见了雇主的吆喝，但他“毫不理会”。至于两个破折号中间的说明性文字“或者并没有听到”，应当是起一个描述“我”的自我期许性地挽回面子的作用；因为，在“北风小了”、“车子停了之时”，“我”的带了惊叹号的吆喝声音，车夫是不必怀疑地听得见的。

“我”对车夫呵斥的“走你的罢！”是合“情”合“理”的，下文对老女人摔倒实况的描述可以作证，何况“我”雇你的车、给你钱，你该听“我”的，也是天经地义呀。

然而，作品接下来用了两个“毫不”庄严地塑造车夫：对“雇定”车夫的“老板”的声音“毫不理会”、对于车夫他自己要干的事情“毫不踌躇”——“一步一步的向前走”。

就是在这个意义上，“我”，或许也可以说是鲁迅震惊了——这一个被雇用着的人，敢于反抗雇主的命令，而且是在没有得到雇用报酬的时候。这，不正是中国的希望吗？

作品要显示的主旨，鲁迅一开始动笔写作时他在心中就是完全清楚的，但他从头至尾都在字面上回避着这个主旨的表述。但由于是大手笔，越是力图回避表层的字面显示却使得这个主旨越是显豁。如前所说，鲁迅创作《一件小事》时正值盛年时期的三十九岁，之前已有《狂人日记》、《药》等小说名篇发表。在写完这些名篇之后的《一件小事》，要表达的思想内容，如前面刚说过的，绝不会是只为了歌颂车夫“某些大公无私的优秀品质”以及“下等人的高尚的精神情操”和鞭挞“上等人的丑恶灵魂”。

同时，仅仅“无私”，也不值得鲁迅反反复复地赞颂这件“小事”和车夫，诸如“于我有意义……使我至今忘记不得”、“他对于我……几乎变成一种威压”、“到了现在，还是时时记起”、“这一件小事，却总是浮在我眼前”……

《一件小事》称扬的是被雇用者对雇用者或曰被支配者对支配者反抗的一种极有效力的大无畏行动，这种行动就是“毫不理会”。作品的这种称扬，不是大喊大叫着空呼口号，而是默无声息的直接行动。这，正是鲁迅一贯倡导的。

鲁迅在北洋政府教育部任职时，对他的顶头上司即北洋政府教育总长章士钊的态度，可以发现

《一件小事》自然呈现的主旨的发扬，鲁迅敢于控告章士钊用非法手段无理撤销鲁迅自己被时任国家总统任命的佥事职务并得以胜诉，可以说也是被雇用者对雇用者的一种反抗，这比“车夫”的“毫不理会”又进了一大步。

敢于对“雇主”或曰支配者、统治者说“不”，是鲁迅《一件小事》所提倡的。否则，仍以概括“劳动人民身上”的“某些大公无私的优秀品质”和歌颂“下等人的高尚的精神情操”并鞭挞“上等人的丑恶灵魂”来解读《一件小事》，就显得这篇名作沦为表扬信或检讨书了，是不可取的。

鲁迅日记和《野草》两则注文欠确

十八卷本新版《鲁迅全集》二〇〇五年十一月由人民文学出版社出书后，不少文章对此书的注文准确性提供了参考意见，我只就日记卷中一九二五年四月三日“浅草社员赠《浅草》”和《一觉》中“并不熟识的青年”的两则注文都欠确这一点，展开地说说我的探索。

在新版第十五卷第五百六十二至五百六十三页注“浅草社员赠《浅草》”时这样写道：“浅草社　文艺社团。1923 年 3 月成立于北京。主要成员有林如稷、陈祥鹤、陈炜谟、冯至等。该社编辑出版《浅草》(文艺季刊)。并曾在上海《民国日报》上编辑过《文艺旬刊》。本日冯至将《浅草》送与鲁迅。鲁迅在本月十日写的《一觉》中记载此事。”

这一则注文是新写的。其中有两处硬伤：一是人名中的错字，可能是拼音录入失校的键误，注文中“陈祥鹤”应为“陈翔鹤”；二是鲁迅写《一觉》不是一九二五年“本月十日”，而是第二年即一九二六年的四月十日，这在编为北新书局“乌合丛书之一”的一九二七年七月出版的单行本《野草》第九十三页《一觉》的篇末已有明确补注，初刊一九二六年四月十九日第七十五期《语丝》周刊时没有写作时间。这则新写注文，两处硬伤之外，后两句与史实相违。

在《野草》的最后一文《一觉》中，新版十八卷本第二卷第二百三十页注“一个并不熟识的青年”时，基本沿用了一九八一年十六卷本的全部注文：“当指冯至（一九〇五—一九九三），河北涿县人，诗人。时为北京大学国文系学生。鲁迅一九二五年四月三日日记载：‘午后往北大讲。浅草社员赠《浅草》一卷之四期一本。’”除补入冯至生卒年份和作几处小的文字调整外，就是把原来的“指冯至”修订为“当指冯至”。这个“当”，补加的用意，不管是对“指冯至”的强化（意为“当然”）或弱化（意为“应该是……吧”），都无补于在史实层面上的缺失。下面，细说之。

鲁迅《一觉》原文："我在北京大学的教员预备室里，看见进来了一个并不熟识的青年，默默地给我一包书，便出去了，打开看时，是一本《浅草》。就在这默默中，使我懂得了许多话。阿，这赠品是多么丰饶呵！"

被《鲁迅全集》注释者和一些冯至研究者作为"第一手史料"引用的冯至《鲁迅与沉钟社》所"忆"："那天下午，鲁迅讲完课后，我跟随他走到教员休息室，把一本用报纸包好的《浅草》交给他。他问我是什么书，我简短地回答两个字'浅草'。他没有问我的名姓，我便走出去了。"

把冯至的文字与鲁迅的稍加对照，轻而易举就可以发现冯至所讲与鲁迅原文的矛盾之处。

四十六岁正值壮年的鲁迅写《一觉》是在"浅草社员赠《浅草》一卷之四期一本"的事发生一年时（鲁迅误写为"两三年前"）写的，应该比冯至事隔五十二年后在七十四岁高龄才写出的"回忆"文章《鲁迅与沉钟社》可靠。鲁迅说他"在北京大学的教员预备室里，看见进来了一个并不熟识的青年"，显然是鲁迅已坐在室内了,“一个并不熟识的青年”才从外走来;而冯至“回忆”却是“我跟随他走到教员休息室”,既然是“跟随”,鲁迅须转过身来才可看到来人,“看见进来了”就无从说起。鲁迅记载那天给他送《浅草》的“一个并不熟识的青年”没有说话,而且两次使用“默默”,还就“默默”作了一番庄严的抒情;冯至却“回忆”道他当时“简短地回答两个字”。鲁迅说送书的青年“出去了”之后他把“一包书”动手“打开看时”,才知道“是一本《浅草》”;而冯至呢,却“回忆”道他将一包书交给鲁迅时就告诉说是《浅草》。

这一番望文生义,已经大体“粉碎”了冯至的“回忆”。但,还是再来作一点考据,而且主要使用冯至当年写下的第一手材料。

第一卷第四期《浅草》也就是“浅草社员”送给鲁迅的那一期刚出刊,冯至一九二五年二三月份写给在厦门的杨晦的信中明确表示他的不满:“《浅草》的错误太多,请你随便看看。”这年冯至二十岁,此等年龄的人喜欢逞能、喜欢贬低别人的劳动成绩，是正常的，何况又是善于表现自己的“北京大学”文学青年。去查看这期《浅草》，果然是陈炜谟主其事，有《编者缀话》的署名作为证据。办过刊物的人都知道，一个同人刊物到了要用个人署名来写编后记的时候，所谓的“同人”其实已近于散伙——送给鲁迅的那一期《浅草》就是该刊的终刊号！自然是刊物出版后，冯至匆匆浏览一遍后，才对远方的志同道合者（杨晦后来成为浅草社的再生社团沉钟社社员）邮寄刊物时报告“错误太多”的。自己都不满意、又是别人主持的刊物，冯至会亲手送交名声很大的鲁迅吗？不会，冯至绝对不会送的！

也真凑巧，在幸存下来的冯至书信中，恰好有一九二五年四月四日他也是写给杨晦的一封信。写信这天，就是“浅草社员赠《浅草》一卷之四期一本”给鲁迅的次日。但是，冯至在不短的书信中并没有谈及他昨天送刊物给鲁迅这件他半个世纪后认为很荣耀的大事。此时不在北京的杨晦是了解并关注浅草社情况的浅草社员们的共同朋友，要是冯至真的在昨天下午亲手把新出的《浅草》送给鲁迅，他能不高兴地通报给杨晦吗？冯至的这封信最后一句提到了《浅草》，是问杨晦收到《浅草》没有。或许有人会反问：陈炜谟编的刊物，怎么由冯至寄给杨晦呢？这与亲手送刊物给心中崇敬的文学偶像鲁迅不是一个类型的事，反问没有道理。

冯至

从冯至当年的信中，我们得知他是一九二五年一月下旬才搬到北京大学“第二宿舍”与陈炜谟同住一室的。冯至通报杨晦：“前晚，炜谟已经躺下了，我看了一篇显克微支的小说，写一个雕刻家晚年孤独的情调，非常难过！”瞧瞧：陈炜谟在《浅草》新的一期出刊后，闷闷不乐，他可能已经拿定主意，明天下午听鲁迅的讲课就找机会当面送他一本，以便引起反响；而“同人”又同室的冯至呢，除了说一句

“错误太多”，就像没事似的，沉醉于“显克微支”。陈炜谟比冯至小一岁，假如他们在这天下午同时听鲁迅讲课，共同商定要送刊物给鲁迅，也只会由编者亲手送，只要冯至参与了送刊物，此等与鲁迅交往的大事更会由冯至在第二天写入给杨晦的信中的。我敢说，当时冯至压根儿就不知道陈炜谟在一九二五年四月三日这一天下午的课间给鲁迅送了一本《浅草》，直到过了一年冯至读到《一觉》才知道。

而且，鲁迅的《一觉》有明确的界定：送他刊物的人是“一个并不熟识的青年”。“不熟识”的意思是：似曾相识，印象中晤过面，但没有熟到一见就可以叫出名字的地步。这个人，只能是陈炜谟。冯至与鲁迅的第一次会面，是在“浅草社员”送刊物给鲁迅的一年之后的一九二六年五月一日，由陈炜谟带往鲁迅住处的。

查鲁迅日记，浅草社的成员最早与鲁迅通信联系的是陈翔鹤，时为一九二四年六月十一日，这回鲁迅在日记上误“陈”为“杨”。最早拜晤鲁迅的是陈翔鹤、陈炜谟，时为一九二四年七月三日，这天的鲁迅日记写对了陈翔鹤的名字。因为二陈是同郁达夫一起夜访鲁迅，郁达夫和鲁迅是老朋友，陈翔鹤来过信，陌生的陈炜谟只让鲁迅记住了他也姓陈。到了客人走后鲁迅写当天的日记，“陈炜谟”只好写作“陈厶君”，“陈厶君”就是“陈什么君”，符号“厶”替代了“炜谟”。一年以后，陈炜谟在“教员预备室”单独会晤鲁迅，加之又是送《浅草》，四十五岁的鲁迅当然会马上记起他是“浅草社员”。由于上一次在家里见面时就忘了名字，这一次也不好再问。一年后写《一觉》，恰如其分地用“一个并不熟识的青年”。倘若是冯至送的，就该写成“一个陌生的青年”。

查阅一九九九年十二月河北教育出版社十二卷本《冯至全集》最末一卷所附冯姚平编《冯至年谱》，发现该年谱与冯至的《鲁迅与沉钟社》所说“保持了高度一致”，硬硬地派定冯至就是给鲁迅送《浅草》的那个鲁迅所写及的“并不熟识的青年”。我见到的好几种冯至传记，都认定给鲁迅送《浅草》的人就是冯至。连由中国社会科学出版社二○○二年十二月出版的秦林芳博士论文《浅草—沉钟社研究》也一开篇就说："一九二五年四月，在北京大学教员预备室里，冯至将一本第四期《浅草》默默地交给了鲁迅。"早于《浅草—沉钟社研究》二年多，二○○○年八月人民出版社出版的蒋勤国《冯至评传》第四十二页有："一九二五年四月三日上午，冯至听完课后将刚出版的《浅草》季刊第一卷第四期送给鲁迅先生。"在此二十多年之前，并不知情的杨晦于一九七六年六月二十日以七十高龄作了"伪证"，说"在北大的教员预备室里赠《浅草》给鲁迅的是冯至"。一九八一年人民文学出版社十六卷本《鲁迅全集》注释《野草》中《一觉》之"并不熟识的青年"，仅仅根据冯至自述和杨晦"伪证"而将其错误地定为冯至，往善意的方面说，注释起草和定稿者的阅读面太窄。因为早在一九四六年鲁迅逝世十周年时就已有当年知情人公开刊布此事史实真相，而且这位知情人在一九五六年鲁迅逝世二十周年时再一次著文更加明确地强调此事史实的真相之细节。

这两篇文章都是公开发表了的，搞鲁迅研究并荣为《鲁迅全集》注释班子成员的人却不知道，是说不过去的。

这位为“浅草社员赠《浅草》一卷之四期一本”给鲁迅一事先后作文两次的知情人就是林如稷。在鲁迅逝世十周年时，林如稷写了《微薄的谢意》，分别发表在一九四六年十月十九日成都的《华西晚报》、南昌的《中国新报》和一九四六年十月二十二日上海的《文汇报》。文章中对陈炜谟给鲁迅送《浅草》一事的述说，稍知陈炜谟的人都可以准确理解，仍将有关段落照录：

> 在民国十二年，我们有一些还相当幼稚的朋友，在上海鼓励我去自不量力的发刊《浅草》季刊的时候，我们在北平的朋友之一，他虽不是鲁迅先生的直接学生，但他那时是在北大读英国文学系的，便曾按期将我们那幼稚的刊物亲自送给鲁迅先生。而鲁迅先生也曾在一篇短文里便感动的提到过这事，说这位他不认识

的青年，走进北大的教员休息室，一言不发的，只默默的递给他一本《浅草季刊》便退走了。这是我的这位朋友，他有着我们相同的书生迂拙脾气，虽然在当代的文艺工作者里面最敬爱《呐喊》的伟大作者，但却不愿以文艺作为结交或炫耀的工具，以及博取已成名作家的不切当夸赏或提携的。

这篇《微薄的谢意》一稿三发，尤其在上海《文汇报》发表，是会产生相当大的影响的。此时，任教于四川大学外文系的陈炜谟当然读到了《微薄的谢意》，不仅仅是从当地的《华西晚报》的“文讯”副刊上读到，知识分子必读的《文汇报》刊发的也会被他看见。同为知情人也同在成都的陈翔鹤当然也读了此文。一九五五年九月三十日，五十二岁的陈炜谟去世。第二年，林如稷为纪念鲁迅逝世二十周年写《鲁迅给我的教育》时，特意再次公布亡友陈炜谟给鲁迅送《浅草》的事实真相，这一次不是原话重说，而是具体明确的表述了：

陈炜谟那时在北京大学读英国文学系，但他却选听鲁迅先生讲授的《中国小说史》。《浅草》和我们另一姊妹刊附在当时《民国日报》出刊的《文艺》旬刊每期寄到北京后，陈炜谟便亲自去面送给鲁迅先生。

为了让历史细节更清晰，接下来林如稷对他十年前的旧文《微薄的谢意》中的“简略”描述再一次作了定格性质的浓彩工笔写生：

何以陈炜谟既是鲁迅先生的学生，而又会在送刊物去诚心求指教时“默默地”不发一言呢？这是我们这位朋友，他有着与我们相同的迂拘脾气，——虽然在当代的文艺工作者里面最敬爱鲁迅先生，但却不愿以文艺作为结交名人或自我炫耀的工具，更不愿博取伟大的前辈大师的不切当的夸奖或提携的。

这一篇文章是林如稷对“鲁迅与浅草—沉钟

社”的专题忆述，当然少不了冯至。提及冯至的是“十几年前，冯至为鲁迅先生的《一觉》写过一首感谢的诗”，并用文末注释方式抄录了冯至著名的《十四行集》中写鲁迅的那一首诗的全文，诗是就鲁迅《一觉》生发而成的，是《十四行集》二十七首之第十一首。反复阅读这首诗，找不出鲁迅《一觉》写及冯至自己的丝毫明示或暗示。也就是说，一九四六年的冯至还没有产生将自己说成是《一觉》中那个送《浅草》给鲁迅的“并不熟识的青年”的念头。

林如稷《鲁迅给我的教育》初刊于成都的《草地》月刊一九五六年第十期，知其详情的浅草一沉钟社同人陈翔鹤与林如稷同为成都文学圈内人，他没有对林如稷的文章提出异议。而且，《鲁迅给我的教育》还被作者编入一九六二年九月由四川人民出版社印了一万册的《仰止集》，这是林如稷关于鲁迅的文集，出版后也会分别送给冯至和陈翔鹤。该文其实就是《仰止集》的第一篇文章，因为目录之前林如稷之父林冰骨的手迹是作为序诗的《怀念鲁迅先生》，冯至和陈翔鹤都默认了林如稷述说的史实。

从沙汀的日记中，得知林如稷是非常认真的人，他犯不着为一个已经死了的陈炜谟去编造谎话，而且他的述说与十年前说的没有出入。还可以推知，陈炜谟生前不让人们公布他就是给鲁迅送《浅草》的人，他自己也不说。但是，当鲁迅《一觉》公开发表后，给鲁迅送《浅草》的究竟是谁，至少在浅草—沉钟社几个主要成员中间，是清清楚楚的，林如稷只不过在二十年后、三十年后旧事重提罢了。

但是，"浅草社员赠《浅草》一卷之四期一本"给鲁迅的当事人和主要知情人都健在的时候，冯至半个世纪内一声不吭。等到单剩下一个林如稷时，一九七六年七月九日冯至写《笑谈虎尾记犹新》，模棱两可地试探性地开始了他的"叙述"：

> 我对于鲁迅先生的敬重，随着他与北洋军阀和为其效劳的"正人君子"们的斗争的深入，与日俱增。我想去拜访他，但由于自己感到渺小，怕干扰他的工作，几次都欲行又止。只是把与几个朋友合办的文艺刊物按期送给他，有

时邮寄，有时在听讲后面交，面交时也不曾说出自己的名姓。

这里把本来相当清晰的史实弄得一团糟，例如面交刊物给鲁迅就只有一次，给鲁迅邮寄刊物也另有其人，都是陈炜谟所为，除了当时的鲁迅日记有记载外，二十一年前林如稷《鲁迅给我的教育》一文已作了明确公布，如前文所引，可是冯至用“有时……有时……”的句式把赠刊之事变得不具体可计。

《笑谈虎尾记犹新》没有招致有力的抵制，冯至进一步地行动了。这行动便是本文一开始所引用的《鲁迅与沉钟社》的那一段话，引语所在的那段话之首，有一个心虚的不打自招的独句：“这里还附带说明一件事。”这就是心虚的露骨表现了，哪里是“附带”，简直是强调！

《笑谈虎尾记犹新》迟至一九七八年一月才在上海文艺出版社出版的《鲁迅回忆录》“一集”面世，此时，林如稷故去一年出头了。林如稷不在人世后，陈炜谟从无给鲁迅送《浅草》的自述，林如稷虽然有明确的文字，但林如稷的文章和书都已经不太容易见到，连二十世纪八十年代末由中国社会科学院某所某室花巨资编印的厚厚五大本的《1913—1983鲁迅研究学术论著资料汇编》也拒林如稷的文章于“汇编”之外；加之几乎所有的搞“研究”的人绝不会为一件事不关己的小事去刨根问底地考究……或许我的手头材料太少，我想找一九二五年四月鲁迅在北京大学讲课的详细情况，比如三日下午听鲁迅讲课的名单中有无“冯至”，结果两本《鲁迅在北京》收录的大都是一些空泛的文字！

以上文字写完后，我请与我长期共事的年已六十多岁的林如稷的儿子林文询读了一遍，他于二〇〇五年十二月二十八日给我回了一封信，再一次坐实了林如稷的上引证词，全录如下。

明德兄：

听你告知人文社新版《鲁迅全集》关于《一觉》的注释中，“一个并不熟识的青年”仍被注为“当指冯至”，我以为并不确当。我记得，在

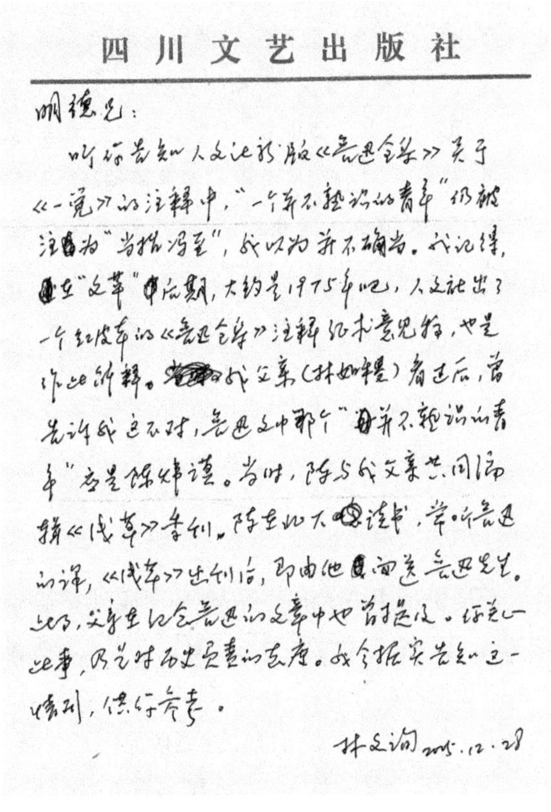

四川文艺出版社

明德兄：

昨天你告知人文社新版《鲁迅全集》关于《一觉》的注释中，"一个并不熟识的青年"仍被注为"当指冯至"，我以为并不确当。我记得，在"文革"后期，大约是1975年吧，人文社出了一个征求意见的《鲁迅全集》注释征求意见稿，也是作此注释。我父亲（林如稷）看过后，曾告诉我这不对，鲁迅文中那个"并不熟识的青年"应是陈炜谟。当时，陈与我父亲共同编辑《浅草》季刊。陈在北大读书，常听鲁迅的课，《浅草》出刊后，即由他面送鲁迅先生。此事，父亲在纪念鲁迅的文章中也曾提及。你关心此事，乃是对历史负责的态度。我今据实告知这一情况，供你参考。

林文询 2015.12.28

林如稷之子林文询有关"并不熟识的青年"的回信

“文革”后期，大约是一九七五年吧，人文社出了一个红皮本《鲁迅全集》注释征求意见稿，也是作此解释。我父亲（林如稷）看过后，曾告诉我这不对，鲁迅文中那个“并不熟识的青年”应是陈炜谟。当时，陈与我父亲共同编辑《浅草》季刊。陈在北大读书，常听鲁迅的课，《浅草》出刊后，即由他面送鲁迅先生。此事，父亲在纪念鲁迅的文章中也曾提及。你关心此事，乃是对历史负责的态度。我今据实告知这一情形，供你参考。

林文询

二〇〇五年十二月二十八日

前面说过，因为当时不在“现场”所以并不知情的杨晦，于一九七六年六月二十日以七十高龄提供“证言”说“在北大的教员预备室里赠《浅草》给鲁迅的是冯至”，再加上冯至自己的《笑谈虎尾记犹新》“回忆”文字，导致一九八一年人民文学出版社十六卷本《鲁迅全集》注释《野草》中的《一觉》出错，这已经造成了不可挽回的影响。读了林文询写给我的信，才知道注释《野草》中的《一觉》出错，并非始于一九八一年的十六卷本《鲁迅全集》，而是在红皮本的《野草》注释征求意见稿中已经出现，比正式印行的十六卷本《鲁迅全集》要早六年呢！那么，在杨晦提供“证言”之前，冯至一定已经有过口述甚至文字的东西比如书信说到“给鲁迅送刊物的就是冯至自己”这个话题。注释《一觉》的人，要找一个健在的旁证来确定此注文内容，然而他们却不知道最权威的历史证人林如稷生前早有过两次很负责的公开的交代文字留了下来。

正如林如稷所讲，陈炜谟说及鲁迅的文字，就是不提他给鲁迅送《浅草》这一桩后来被冯至搅得一团糟的具体事件。我读到了陈炜谟说及鲁迅的七篇专文，有大约两三万字，全是宣传和学习鲁迅的内容，找不到以跟鲁迅交往来炫耀自己哪怕一句话。对比一下，我觉得冯至在给鲁迅送刊物这件事情上，不太让我们这些严谨的后学者欣赏。

其实，鲁迅日记和《一觉》中的这两则注文，我看都可以省略。即便分析作品，这“一个并不熟识的青年”不落实到具体的个人，也丝毫不影响内容的完整。如果两处都一定要注出具体的人，林如稷的两次回忆尤其是后一次的文字就是定论。我不希望在今后的《鲁迅全集》中又读到以上两则不准确的注文。

两个《鲁迅先生逝世三周年纪念特辑》

为了纪念鲁迅逝世五十周年，一九八七年七月书目文献出版社以十六开本巨卷分硬精装和平装分别印行了纪维周等编写的《鲁迅研究书录》，由鲁迅的三弟周建人题写书名。这是一部相当严谨的图书编目专门著述，在《纪念鲁迅专刊》栏目下，第一门类《鲁迅逝世纪念专号》中，没有发现"鲁迅逝世三周年纪念特辑"的登录。

其实，在鲁迅逝世三周年的一九三九年十月或稍后，已经可以确定下来的，至少有两个刊物专门特辟并明确标示"鲁迅先生逝世三周年纪念特辑"，一是《中苏文化》、二是《文艺阵地》，都是十六开本定期出版的杂志。

不能苛求《鲁迅研究书录》的编者，抗日战争时期在重庆印行的《中苏文化》可能当年就发行得不太广泛，过了四五十年的岁月，能见到就更困难了。

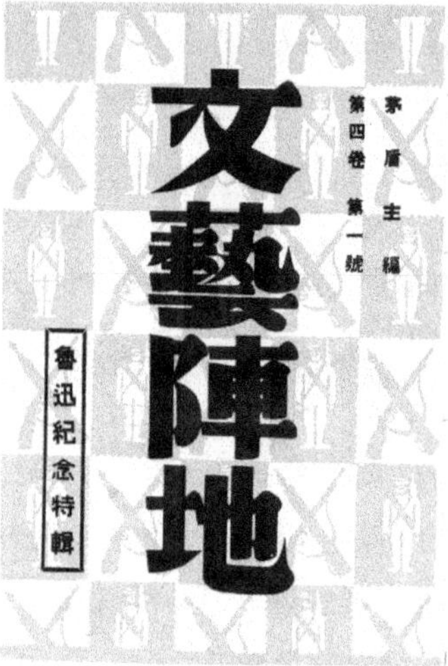

一九三九年十一月《文艺阵地》第四卷第一号封面

至于很容易到手的《文艺阵地》，估计是《鲁迅研究书录》编者的一时疏忽。

《中苏文化》是中苏文化协会的会刊，一九三六年四月在南京创刊，主要负责人是王昆仑和侯外庐。最初，《中苏文化》是月刊。一九三七年十一月，该刊从南京迁到重庆继续出版，改为半月刊，并标明为“抗战特刊”，卷数和期数另起，共出版三卷三十六期。一九三九年八月一日第四卷第一期起，恢复为月刊。就在这第一次恢复为月刊的第四卷第三期上，开设了《鲁迅先生逝世三周年纪念特辑》，有二十二个页码的篇幅，算得上是一个相当隆重的专辑。

这个《鲁迅先生逝世三周年纪念特辑》共发表五篇文章，分别是许广平以“景宋”笔名撰写的《鲁迅先生的日常生活——起居习惯及饮食嗜好等》、闻超《鲁迅眼中的汪精卫》、署名“靖华”的曹靖华《鲁迅先生在苏联》、署名“罗荪”的孔罗荪《苏联文艺的介绍者——鲁迅先生》以及萧红长篇回忆性纪实散文《鲁迅先生生活散记》。

除上述五篇文章之外，此特辑还刊发了苏联对外文化协会代表谢列布利亚阔夫致中苏文化协会的专函。专函不长，主体文字为“兹逢中国伟大文艺作家鲁迅先生逝世三周年纪念日，本会深愿与全中国人民共同纪念为中国独立而奋斗之作家鲁迅先生。因鲁迅先生之盛名暨其作品，实为全先进人类暨希望中国自由与复兴者所崇敬之故也”。

中蘇文化

魯迅先生逝世三週年紀念特輯

魯迅先生的日常生活

——起居習慣及飲食嗜好等——

景宋

《中苏文化》所刊《鲁迅先生逝世三周年纪念特辑》首页

发表在这个特辑中的萧红《鲁迅先生生活散记》，即便不是专稿特投，也很可能是专门为应这个特辑的主事者之约而提供的最初的原始稿件，因为文章篇名后有副标题“为纪念鲁迅先生三周祭而作”。萧红一九三九年九十月间，已与端木蕻良在重庆黄桷树的复旦大学文学院正式同居两三个月，她的个人生活终于不再颠沛流离，算是安定下来了，所以有心思写这长达一万字的好文章。

这一篇《鲁迅先生生活散记》的写作，在萧红心目中是一次极其严肃的创作。她一到重庆的北碚就动手了。当时，萧红的身体不太好，有些衰弱，体力还不足于支撑如此强力的需要在短时间内的连续回忆、构思和书写。为了赶在鲁迅逝世三周年前夕写成一个可以发表的段落，萧红特意请了一个同乡男同学帮忙做一点儿秘书之类的工作。估计在萧红的文字生涯中，这是唯一的一次非常具有规模和气势的写作。这个同乡男同学，就是在复旦大学读书的东北籍学生姚奔，姚奔的工作是听取了萧红的口述之后，先代为整理成文章初稿，最终交由萧红修改定稿。

那一段时间，在北碚嘉陵江边大树下的露天茶馆里，经常可以看见萧红和姚奔两个人各自泡一碗盖碗茶，萧红边回忆边口述，姚奔急速地记录下萧红的话。到了一九三九年十月二十六日，《鲁迅先生生活散记》的全文结稿，萧红随即把一份复写抄件邮寄给住在上海的许广平，请求修改审定。

要弄清楚发表在这期《中苏文化》上的《鲁迅先生逝世三周年纪念特辑》中萧红《鲁迅先生生活散记》在版本学上的重大意义，只要了解一下萧红著名散文名篇《回忆鲁迅先生》的总字数只有两万三四千字，而“特辑”里的文字就有一万多字了，接近全篇的一半。更重要的，这儿发表的是未经许广平修改审定过的萧红文字的原始面目。

对照研究萧红《鲁迅先生生活散记》前后的该文两种文本，会发现不少在对于鲁迅解读方面的“许广平视角”和“萧红视角”的一些差异。比如，萧红最初拟出的题目是《鲁迅先生生活散记》，而被许广平审定修改后的题目却为《回忆鲁迅先生》，其中的情感表述就发生了大的变化。

在许广平心目中，萧红只有可能“回忆”其见过的鲁迅一些公开场合的活动片段，至于“生活散记”就只能由跟鲁迅朝夕不离的鲁迅夫人或者鲁迅家人来完成。一个题目的改动，也可以看出重大的情感差异。只有长期与某人生活在一起的人，才可以写某人的“生活散记”，萧红跟鲁迅再熟，也不可能白天黑夜都与鲁迅在一起的。作为女性，许广平在男女亲疏意识上是非常清醒的。

也以《鲁迅先生生活散记》为题发表在一九三九年十一月《文艺阵地》中《鲁迅先生逝世三周年纪念特辑》的萧红回忆，只有一千三四百字，仍是一小节一小节的，有两小节与《中苏文化》上的同名文章相同，但其他部分的内容都是新写的。

刚才提及的《文艺阵地》上的这个《鲁迅先生逝世三周年纪念特辑》虽然只有十七页篇幅，但其字号比《中苏文化》小一些，所以两个特辑的规模差不多，要算是“大型特辑”了。这一期的《文艺阵地》上的这个《鲁迅先生逝世三周年纪念特辑》在目录上注明有“回忆”、有“史料”、有“诗”,还有一首曲词兼备的《鲁迅先生纪念歌》等。

《文艺阵地》上的这个《鲁迅先生逝世三周年纪念特辑》共收署名文章十篇,有三篇都署名“适夷”。这“适夷”,就是代茅盾主持那一段时间的《文艺阵地》编务的楼适夷。编者要赶写几篇东西放在专辑中,表明着这个“特辑”是在匆忙中编就的。

果然,这一期的《编后记》第二段就有实话实说的历史现场记录:“鲁迅先生逝世三周年特辑,因为以前累次的脱期,筹备匆促,有很多缺点。特别关于鲁迅研究及学习鲁迅精神的方面,约定的文章来不及等候,因此大部分都集中鲁迅生活回忆的方面,但这对于研究和学习鲁迅,自然也是珍贵的材料。”

可以肯定,在鲁迅去世三周年时,在当时的中国各地包括港澳台地区已编就面世了的报刊上的鲁迅纪念特辑或专栏不会只有我见到的这两种。比如,浏览刘增人等纂著、由新华出版社二○○五年十一月公开印行的《中国现代文学期刊史论》第

第四卷第一期目次

魯迅先生逝世三週年紀念特輯

文藝陣地

第四卷 第一期（總卅七號）
民國二十八年十一月一日出版
編輯人 茅盾
發行人 徐伯昕
發行者 生活書店
重慶 武庫街二十一號
桂林 中南路一〇一號
香港 皇后大道一七五號
昆明 華山南路一〇〇號
星洲 大坡大馬路一八〇號
上海 西安 蘭州 貴陽
成都 長沙 衡陽 曲江
梅縣 南平 柳州 南寧
柳州 赤坎 玉林 立煌
印刷者 生活印刷所
▽本刊文字非經允許不得轉載△

每月逢一日十六日發行
香港零售每册二角七分
外埠零售每册二角八分

定價				
預定	册數	國內 日本	香港 澳門	國外
	三個月 六册	一元一角		
	半年 十二册	二元一角	二元三角	三元三角
	全年 廿四册	四元	四元五角	六元四角

郵票代價 十足通用

《文艺阵地》第四卷第一期目录页

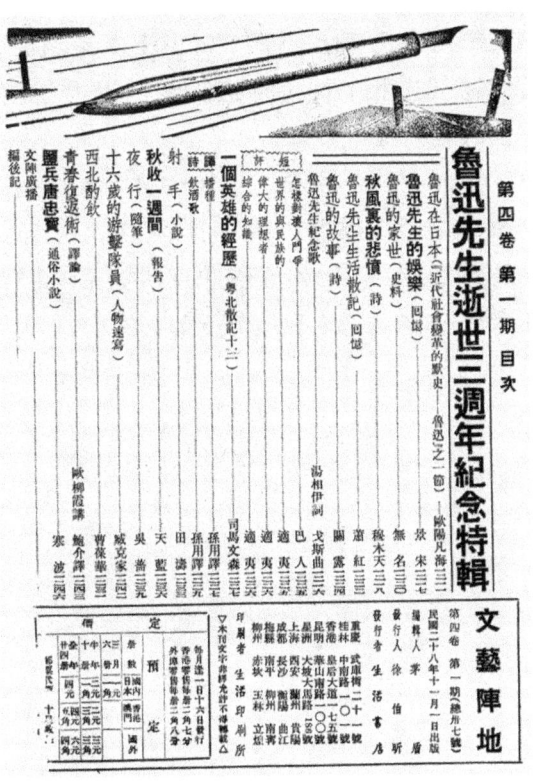

四百六十三页介绍的在陕西宜川共出了六期的《西线文艺》于鲁迅逝世三周年的十月十日，就组编了题为《鲁迅先生逝世三周年纪念》专刊，其中有曹葆华的原创新诗《悼念》。

当然，仅仅把《中苏文化》和《文艺阵地》上的这两个特辑钩沉出来予以介绍，也是有意义的，至少填补了大型工具书《鲁迅研究书录》中这一年中"鲁迅逝世三周年纪念专刊"记载上的空白。

瞿秋白“负责总编”的《文学》

在上海前后共出第一至第六十号的四开报章《文艺新闻》，其后期成为中国左翼作家联盟的外围刊物之一。一九三二年三月二十八日出版的《文艺新闻》第三版“文艺战线”有两条消息，第二条题为《文学——大众化》。细读这条消息全文，题目中的“文学”其实是一份杂志的名称。这条消息的全文是：“最近闻有新进作家多人，组织一文学杂志社，将出版半月刊一种，定名为《文学》。性质专载理论文字，提出文艺运动上的种种新问题，尤其注重‘文艺大众化’问题的讨论。第一期现已付印，一星期内即可出版。”

因为这份《文学》是中国左翼作家联盟的机关刊物，属于当年舆论认定的“革命文学刊物”，所以在二十世纪六十年代根据某种特定的需要由上海文艺出版社连同其他几十种中国左翼作家联盟办的报刊一起享有了影印出版的机会。即使是影印本《文学》，如今也难得一见，已是被视为珍贵印品的刊物了。

只出了一期的《文学》是一册正三十二开本，连目录和版权登记页一共才六十个页码，所收文章也只有三篇，即署名"同人"的三千字类似社论的《上海战争和战争文学》、署名"史铁儿"的瞿秋白的一万三千字长文《大众文艺的现实问题》、署名"洛扬"的冯雪峰七千字报告稿《论文学的大众化》。

即便只把这三篇文章通读一遍，也可以凭直觉判断这份小刊物其实"大有来头"。果然，查阅一九三二年三月九日中国左翼作家联盟秘书处的扩大会议纪要《关于左联理论指导机关杂志〈文学〉的决议》是如此"决议"的：《文学》"必须负起建立中国马克思列宁主义的文艺理论的任务"，"必须时时刻刻的检查各派反动文艺理论和作品，严格的指出那反动的本质"，"也必须在自己的机关杂志上毫不放松的发展一切方面的自我批评"，"必须负起传达文艺斗争的国际路线（国际革命作家联盟的一切决议

《文学》第一卷第一期封面

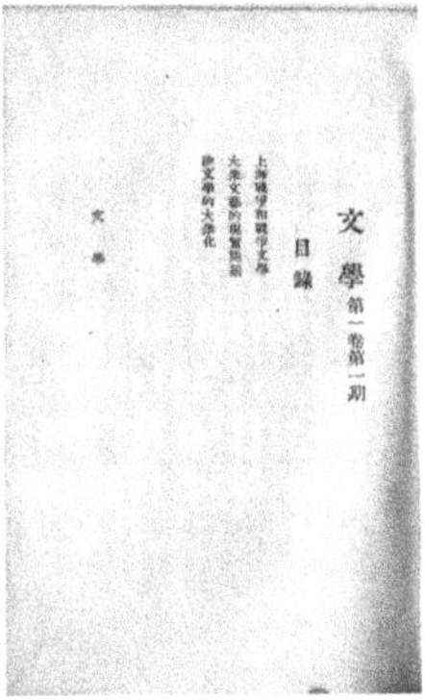

《文学》第一卷第一期目录

及指示）于中国的一切革命文学者及普洛文学者的责任”，“必须每一篇文章都针对着当前的左联的工作”，“文字必须做到斗争的，简洁而明确的”。

也就是说，以“第三共产国际”为名的苏联文艺政策乃至具体手段甚或命令式的表述语气，在这个时候的中国左翼作家联盟的所有文字中都打下了深深的印记，无论是三十三四岁的瞿秋白还是刚近三十岁的冯雪峰，都无法在他们的文字中不留下这个深深的印记。看一看瞿秋白文章中甚至直白地写有“苏联党的中央委员会”怎么怎么的句子，所以刊物一问世，就遭到当时中国国民政府的查禁，也是意料之中的事儿了。

上引《文学》创刊的专门的“秘书处扩大会议”的纪要用七条指示性文字登在一九三二年三月十五日中国左翼作家联盟秘书处编印的《秘书处消息》第一期上。这个纪要总共七百个字，却有十一个“必须”，足见文风之刚烈，这也是苏联左翼文坛上的习气对中国左翼作家联盟之影响所致。

至于《文学》的编者，刚才提及的左联秘书处扩大会议纪要第六条规定：“为工作便利起见，暂时不特别组成编辑委员会，由秘书处指定一人负责总编，他参加秘书处扩大会议，即以此扩大会议为编辑会议。”根据这一条规定，《文学》上署名“同人”的《上海战争和战争文学》一文应该是一九三二年三月九日所谓“秘书处扩大会议”与会人员的集体意见，由指定的“负责总编”的人执笔写就。查一九五九年四月由人民文学出版社印行的《瞿秋白选集》，这篇署名“同人”的《上海战争和战争文学》已收入此卷，题注专门写道："本文发表于一九三二年三月左联出版的小册子《文学》上，署名'同人'，系作为社论性质的文章发表的。"那么，这本仅出了一期的《文学》是瞿秋白"负责总编"，也可以确定下来。

瞿秋白

《上海战争和战争文学》一文有三千字，占了开头六七页的篇幅。这是一篇激烈的号召性文字，比如文中写道："中国一切反动的文学，更自然的站在白军的战线上，用一切无耻的卑劣的谣言和咒骂帮着白军的枪炮来攻打民众，攻打工人，攻打农民，攻打已经建设着的社会主义的国家。"要知道，这是写于一九三二年三月的文字，中间已有了如此鲜明的政治派别用语。该文最后颁布号令："因此，革命文艺的大众化，尤其是革命的大众文艺的创造，更加是最迫切的任务，——要创造极广大的劳动群众能够懂得的文艺，群众自己现在能够参加并且创作的文艺。劳动民众和兵士现在需要自己的战争文学，需要正确的反映革命战争的文学，需要用劳动民众自己的言语来写的革命战争的文学。中国的革命普洛文学，应当调动自己的队伍，深入广大的群众，来执行这个任务。”

瞿秋白的文章和冯雪峰的报告所谈到的内容，都是中国左翼作家联盟的声音，像号召一个大的运动一样地论说文艺，是自“太阳社”等左派文学工作者们开始的。

冯雪峰在“中国妇女文艺研究会”的报告，仔细阅读，会知道这不像原始“报告”的文字面貌，而是一篇道地的论文。冯雪峰作“报告”的“中国妇女文艺研究会”，在一开始就引述的那份同一天的报章《文艺新闻》中也有记载，就是这一天《文艺新闻》第三版“文艺战线”两条消息的第一条的《女作家新集团》中报道的。

《女作家新集团》短消息全文为：“女作家丁玲、

曼尼等最近发起一女性文艺团体，定名中国妇女文艺研究会。参加者已有十五六人，于一星期前开成立大会。现正加紧创作及研究之工作，努力发动新会员，欢迎爱好文艺的妇女自去参加研究。并准备出妇女文艺杂志一种。”“曼尼”即董曼尼，后赴延安。这则消息发表在一九三二年三月二十八日《文艺新闻》上，可惜之前《文艺新闻》因上海战火停出过一段时间而改出一日一版的《烽火》，《烽火》一九三二年二月十七日出至第十三期又歇刊了一个多月才恢复正常出版《文艺新闻》，因而这里的“一星期前”无法坐实为具体哪一天。但根据此消息，丁玲等发起的中国妇女文艺研究会成立于一九三二年三月二十日之前是可以定下来的。冯雪峰“报告”后有“一九三二年四月一日”的时间，说明这个至少由妇女“十五六人”在上海组成的“文艺研究会”已经正式举办活动了。

细读有关丁玲的研究专著，《文艺新闻》上登载的某些丁玲信息已引起丁玲研究者们的关注，比如上海社会科学院出版社一九九七年七月印行的十五万字的《丁玲年谱》，作者王周生在“一九三二年”项下已有对《文艺新闻》第四十六号的引述，但作者没有注意更为重要的丁玲组织“中国妇女文艺研究会”这个大行动的记载，连更为详尽的六十多万字的王增如等编著的《丁玲年谱长编》也没有这个内容的载录。王增如和李向东合作编著的《丁玲年谱长编》分上下两册，二〇〇六年一月由天津人民出版社出版。

如果暂定一九三二年三月二十日为“中国妇女文艺研究会”成立日，毫无疑问，作为创办人，丁玲出席这一天的“成立大会”（其实至少一星期后的人数统计也才只有“十五六人”）是当然的行动。一九三二年四月一日，丁玲的好朋友兼左联战友冯雪峰亲临丁玲组织的“中国妇女文艺研究会”作“报告”，丁玲出席并主持报告会也会是当然的行动。在一个极不重视实证研究的社会里，大量“实证”的毁灭、消失乃至有意藏匿，都是被视为“正常”的了。丁玲左联时期的书信，除当时公开发表者外，被保存下来的手迹几乎没有，一套《丁玲全集》，书信卷二十世纪三十年代十年中有几年是空白的……

作为中国左翼作家联盟的机关刊物,《文学》虽然只出了这一期仅有三篇文章的小册子,但由于其实际内容的厚重,使得这不足六十页的印品成为中国现代文学史上“左联”那一段的重要刊物。

最后,说说鲁迅与这一小册《文学》曾有过的联系。冯雪峰和瞿秋白当时都是跟鲁迅比较合得来的青年友人。鲁迅在他的一九三二年七月六日的日记中载有往苏联邮寄《文学》的内容。这时,鲁迅的又一个青年友人曹靖华寓居苏联的列宁格勒,这一天的鲁迅日记中写着:“寄靖华信并日文《铁流》一本,《文学》二本。”这儿的“《文学》二本”,就是只出了一期的左联机关刊物《文学》。为什么是“二本”?可以推测,当时《文学》虽被禁止发行,至少冯雪峰和瞿秋白手头会有一些样本,而且鲁迅也是中国左翼作家联盟的领导人之一,秘书处要送他一些新印刊物也是情理之中的事儿,鲁迅随信多邮寄一本中国左联杂志给远在左联策源地苏联的朋友,是有着一定的意义的。

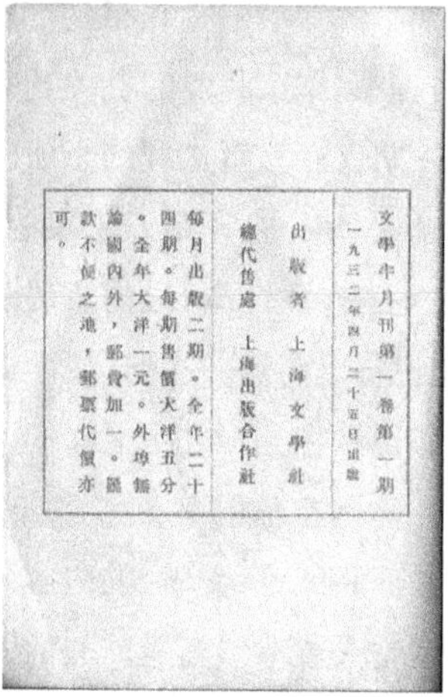
文學半月刊第一卷第一期
一九三二年四月二十五日出版
出版者　上海文學社
總代售處　上海出版合作社
每月出版二期。全年二十四期。每期售價大洋五分。全年大洋一元。外埠無論國內外，郵費加一。匯款不便之地，郵票代價亦可。

《文学》第一卷第一期版权页

对鲁迅一九三二年七月六日日记中“《文学》”的注释，一九八一年版十六卷本和二〇〇五年版十八卷本的《鲁迅全集》均说是“以上海出版合作社名义编辑出版”的，这不准确。《文学》版权页明明印有“出版者　上海文学社”和“总代售处　上海出版合作社”，但还得分别说一点儿当年实际情况。“编辑”的事儿，在上引中国左联秘书处扩大会议纪要第六条规定已经很明确了。至于“出版”，得分两层来述说。掌握出版权力的印书方面是第一层，这就是“上海文学社”。《文学》是中国左联的机关刊物，这个“上海文学社”当然就是中国左翼作家联盟了。具体承担印行《文学》的处所，就是版权页上的“上海出版合作社”。这个“上海出版合作社”其实就是印刷《文学》兼代为批发《文学》的印刷厂。一九三二年四月二十五日出版的第五十二号《文艺新闻》头版有一篇高昂的文章《出版事业合作社》介绍了这家由“若干青年创作家组合的，专负责出版一切被各大书店摈弃的作品、稿件及杂志”的印刷厂。自己写作、自己印刷、自己发行，自然也是当时中国左翼作家联盟自主的计划内行动之一。

《〈邻二〉佚文》袭自《〈邻二〉的佚文》

根据唐弢一九七九年十月五日为《晦庵书话》所写《序》中说明，收在生活·读书·新知三联书店一九八〇年九月初版本《晦庵书话》里的《〈邻二〉佚文》作于“全国解放前”，当属于“唐弢早期书话”。

想弄清这则仅仅五百字的短文《〈邻二〉佚文》初刊于何处，便去重读二〇〇九年十月由中华书局出版的谢其章《书蠹艳异录》中有关篇章，没有找到答案。只有再等，看哪天会偶然获知。

这篇仅仅五百字的《〈邻二〉佚文》中，唐弢倒是老实交代了他的文章是“据施蛰存在《无相庵断残录》里说，‘池里的绿水’五字，是他加上的”这个原始材料才得以写成的。

又去找施蛰存《无相庵断残录》，还好，找到了！这是五则短文合拢来而用的一个总题目，第三则的小标题为《〈邻二〉的佚文》。

估计读到这儿，人们会像我一样地惊讶：何以唐弢敢如此作为地略去一个“的”就成为他新写文章的标题？

岂止标题，施蛰存《〈邻二〉的佚文》一共只有八百字，唐弢袭录了其中的关键内容，却自始至终不点明他读到的施文的直接标题，只公布了一个《无相庵断残录》的总题目来搪塞。而且，施文中最关键的部分唐弢又故意不予以转述。

施蛰存《〈邻二〉的佚文》最末是照录“茅盾先生曾经就他的底稿上补抄了遗佚的字句”原文，紧挨着的上一段就是叙述茅盾来信被发现的详细情况：“前几天整理旧书，出乎意外地，却在一本《万人丛书》的《亨利·爱思蒙传》中找出了那封信，《邻二》的最后一节原文宛然存在，真是一种可贵的文献了，故为刊录于此，使读过那篇散文的，或买了《茅盾散文集》的读者，能把它改正过来，还它的本来面目。”遂以“那原文是这样的”加一个冒号置于该段之尾过渡到茅盾《邻二》佚文全部逐字逐标点符号的抄录。

这儿有两个时间问题得有一个大概答案，即：一、施蛰存的《〈邻二〉的佚文》写于何时；二、唐弢的《〈邻二〉佚文》写于何时。至于发表时间和发表的刊物，只要发现了原刊物，就昭然若揭，这是没法考索的。

施蛰存的《〈邻二〉的佚文》应作于《茅盾散文集》出版之后、茅盾《速写与随笔》出版之前的这段时间中，就是一九三三年七月到一九三五年七月之间。唐弢的《〈邻二〉佚文》的写作时间，当在茅盾《速写与随笔》于开明书店初版印行的一九三五年七月以后。

用唐弢为《晦庵书话》所作的《序》中话来再现他写《〈邻二〉佚文》的情景，就是：唐弢刚从书店买回一本新出版的茅盾《速写与随笔》，回到家中，找出早先已到手的一九三三年七月上海天马书店版《茅盾散文集》，立即对读，发现《邻二》这则短文的后面有了改动，于是联系读过的施蛰存有关文章，“兴之所至”，“随笔写上几句”。

唐弢

施蛰存

然而，这一回却不能如此善意地推测复原了！唐弢的自述，也说他在写《〈邻二〉佚文》之前是读了施蛰存《〈邻二〉的佚文》的，只能换一种说法，是唐弢买回添补恢复了《邻二》全文的茅盾《速写与随笔》后，记起施蛰存《无相庵断残录》说过《邻二》这短文的事，找来复读，自以为不提《〈邻二〉的佚文》具体篇名，且隐去最关键的施蛰存偶然找到茅盾书信一节，幌以唐弢自己的对读为据，就冒充自己的发现，《〈邻二〉佚文》于是出笼。

以上不是无端悬想，在唐弢的藏书中，有两本一九三五年由上海开明书店出版的茅盾《速写与随笔》，书目辑入中国现代文学馆编、“非卖品”供内部交流的《唐弢藏书目录》第二百七十一页，编号分别为“8217”和“8218”。一九三三年七月由上海天马书店印行的《茅盾散文集》唐弢也有，辑入《唐弢藏书目录》第二百〇三页，编号为“6065”。这三本老版书都是唐弢自己花钱从当年的新书店铺买的。

倘若可以坐实唐弢《〈邻二〉佚文》写于一九三五年七月以后，就算再迟一些吧，写于一九三六年或一九三七年，此时的唐弢也才二十四五岁。这个时段的唐弢一边打工赚钱一边读书作文，已经难能可贵了。或许为了得一点儿稿费，唐弢不择方式地撰文卖稿，应该得到理解。

但要说明，如今有一批人一谈起“书话”这文体，就是诸如类似“唐弢是唯一的祖师爷”这样的过头话，不太合适。至少，这一则五百字的《〈邻二〉佚文》就完全袭录了施蛰存的《〈邻二〉的佚文》。而且，被唐弢袭录的《〈邻二〉的佚文》作者施蛰存也只比唐弢大七八岁，写作《〈邻二〉的佚文》时最多不过三十岁刚出头，他的这一则八百字短文当然可以判为“书话”文体。

退后一步，不说唐弢“袭录”施蛰存，而说唐弢“仿写”施蛰存，总可以让二十四五岁的青年唐弢在面子上不太为难一点儿吧？就是说，在“书话”这种如今已是广而泛之的文体最早的写作之源中，至少也有施蛰存一丁点儿贡献的。

其实，当年以书为话题来写短文的，除了施蛰存和唐弢，不用太费功夫就可以找出一大群人来。

"五四"以后中国现代书话写作的源头决不仅仅是某一个具体的"名人",而是在自发的读书群体中自然而然产生出来的一个写作团队。正如继承并发扬光大书话这种文体的后来者,也最好不要私自下结论说只有某地的谁谁,这样太轻浮了。

依据实实在在的可靠史料,写出实实在在的研读心得,应该成为所有搞研究的专业的和业余的同行之共识。

偷摘纸型盗印的《浣衣母》

福建教育出版社一九九三年十二月印行的《中国现代文学总书目》，是一部十六开本硬精装，还算严谨的专业工具书。在这部工具书的“小说（附录）”部分《出版年份不详的小说书目》共载录一百五十本左右的小说书目，其中有一本是“冯文炳等著”的《浣衣母》，“上海三联出版社”出版，依照体例排列了这本多人合集《浣衣母》的细目。

《中国现代文学总书目》里的《浣衣母》细目，反映了编者的认真精神，一看就知道是编者拿着原书一页一页翻看后才过录下该书实际收录的各篇小说及其作者名字的。当然，仍然有笔误，比如汪敬熙错成了“汪敬照”、高世华错成了“冯世华”、陈翔鹤错成了“阵翔鹤”。最不可原谅的是把鲁迅的名篇《药》仍像《浣衣母》原目录一样地又错成了“《叶》”。

仔细翻阅过这本名为《浣衣母》的多人小说合集的民国印本的读者，当在目录上发现鲁迅还写过题为《叶》的小说，估计都会大喜过望，以为莫非这书中尚有鲁迅未入集的集外作品，而且还是小说！但看过内页，结果是把繁体字“药”认错了成“叶”。繁体的“药”和“叶”真有些字形相像，这里要算真正的“手民之误”——检字工认错了字也检错了字。

不仅把鲁迅名篇《药》误植为“《叶》”，而且这本书名为《浣衣母》的多人合集在目录上还有更严重的差错，即收录了作品却未列入目录即有文无目的有八人，而列入了目录的却又在正文找不到作品即有目无文的多达十一人！

为了让见不到这本《浣衣母》的读者也能有一个明晰的印象，这里不避琐细分别逐一列出上述有文无目和有目无文的作家及其作品。

收录了作品却未列入目录的即有文无目者八人及其作品分别为：冯至的《蝉与晚祷》和《仲尼之将丧》、高世华的《沉自己的船》、莎子的《白头翁的故事》、陈翔鹤的《See！》和《西风吹到了枕边》、许钦

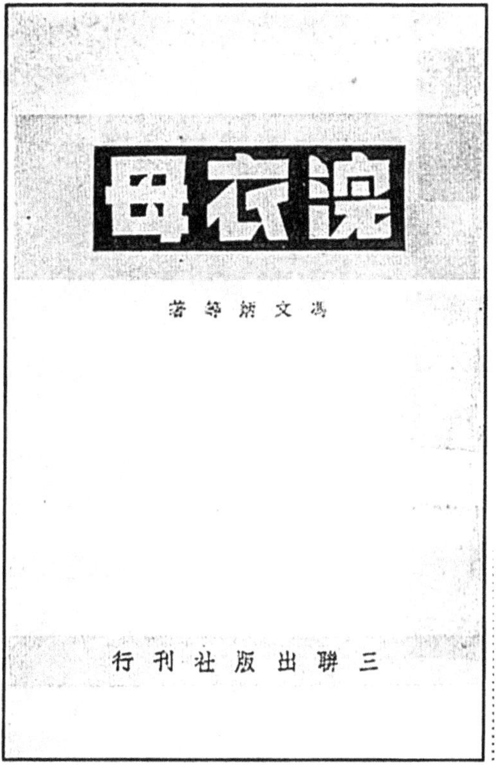

短篇小说集《浣衣母》封面

文的《父亲的花园》与《小狗的厄运》和《石宕》、青雨的《三个真命天子》、朋其的《我的情人》和《蛋》、向培良的《飘渺的梦》与《六封书》和《吸烟及吸烟之类的故事》。

列入了目录却在正文找不到作品的即有目无文者共十一人及其作品分别为：尚钺的《子与父》和《谁知道》、魏金枝的《留下锁上的黄昏》、李霁野的《嫩黄瓜》和《微笑的脸面》、黎锦明的《社交问题》与《轻微的印象》和《复仇》、川岛的《惘然》、汪静之的《伤心的祈祷》、杨振声的《渔家》、胡山源的《睡》、赵景澐的《阿美》、林如稷的《将过去》、顾瓏的《失踪》。

再加上列入了目录也有作品即有文有目者共七人及其作品分别为：冯文炳的《浣衣母》、《竹林的故事》和《河上柳》，沅君的《旅行》和《慈母》，蹇先艾的《到家的晚上》和《水葬》，鲁迅的《狂人日记》、《药》、《肥皂》和《离婚》，俞平伯的《花匠》，罗家伦的《是爱情还是苦痛》，以及汪敬熙的《一个勤学的学生》和《瘸子王二的驴》。

上述无论是有文无目者、有目无文者，还是有目有文者，都会让熟悉中国现代小说史尤其是熟悉“第一个十年”的中国现代小说史的读者顿时看出这本多人合集《浣衣母》的一个特征，就是这些小说作家及其小说作品都在鲁迅那篇《〈中国新文学大系·小说二集〉序》的论说范围之内。这还真是多人合集《浣衣母》的重要特征。这就有必要把鲁迅编选的《中国新文学大系·小说二集》与之作一番比对。

真正“一比吓一跳”——不用细读作品，只机械地硬性比较两者的作品内文版式，原来相同篇目的每页行数和每行的字数乃至字号字形完全地都是一模一样，仅仅多人合集《浣衣母》上下长度即规范说法的“高”要少一个半厘米，左右宽度一致。

也就是说，事实证明：多人合集《浣衣母》是抽取上海良友图书印刷公司一九三五年七月十五日初版印行的鲁迅编选《中国新文学大系·小说二集》的部分内容，利用原纸型经过挖去原页码又重新编制新的页码而成的一本盗印书。按唐弢《晦庵书话》中《翻版书》一文说的，多人合集《浣衣母》应属于“变乱旧章，面目全非”的盗印本。如同当时的所有盗印本一样，《浣衣母》除了“仅仅把各篇次序颠倒”之外，还丢弃了一些作品。

被盗印本多人合集《浣衣母》丢弃了《中国新文学大系・小说二集》的哪些作品呢？这本来不值得探究，因为盗印者并没有什么“编选意图”，他们仅仅为了唐弢《翻版书》一文中说的“牟利”而已。不过，既然说到了这一点，还是稍微交代一下。

鲁迅编选的《中国新文学大系・小说二集》共收作家三十三人、作品五十九篇，作品占去总页码四百二十二页。而盗印本《浣衣母》抽取的作品，是一个作家一个作家地整体抽取，共抽取十五人，抽取作品三十篇，也大体是《中国新文学大系・小说二集》阵容的一半。

为了不让读者打开书一眼就发现这本多人合集《浣衣母》是盗印本，盗印者就在《中国新文学大系・小说二集》的中间一叠先偷摘紧挨着的冯文炳、沅君和蹇先艾这三家，放在最前面。《浣衣母》刚好在卷首，就用作了书名，这也是那时的给书命名的惯例。从这一点判断，盗印者很可能就是直接能弄到《中国新文学大系·小说二集》纸型的人，或是辗转得到纸型而在另外的处所操持印成“新书”的。

第二叠被偷摘的是《中国新文学大系·小说二集》最前面的四家，即鲁迅、俞平伯、罗家伦和汪敬熙。跳过五家，又偷取冯至、高世华、莎子和陈翔鹤四家。许钦文是独取的，前面的李健吾和后面的王鲁彦都没要。再跳过六家，偷摘了青雨和朋其。最后选取了向培良的三篇作品，全书盗摘完工。

从上面的叙说中已得知，被盗印本多人合集《浣衣母》偷摘的共十五家，即有文有目的七家和有文无目的八家，有目无文即仅在目录上出现过的有十一家。还有七家未被盗用者光顾，这七家分别为陈炜谟、裴文中、李健吾、王鲁彦、凌叔华、小酩和台静农。完全未被盗印者看上眼的，也不是什么作家地位和作品质量有问题，仅仅是排印目录时随意性地疏漏。目录排了两个页码，像这样书的规模就连核对正文工序也省去，所以《浣衣母》的目录中大部分是无法按图索骥的。为了使用，我特意从《浣衣母》的正文自编了一份全目。

不仅《中国现代文学总书目》这种由相关专业人员组编的工具书收录了《浣衣母》，连由国家图书馆专业人员组编的《民国时期总书目》，前后两次印本也收录了《浣衣母》，编码为“文学理论·世界文学·中国文学”上下两卷中的第111222号图书，不过在引录收入作家姓名时将鲁迅列为首位，也是依据《浣衣母》实收作家作品来录载的，无高世华，用“等”表示没录载全部。

具体到这册盗印本《浣衣母》，依我看它还是可以有其价值的。尤其它不是重新检字排版，没有造成新的手民之误，我们可以当作《中国新文学大系·小说二集》的抽印本来使用。我查了上海辞书出版社一九九二年十二月印行的一百四十万字的《出版词典》以及一九九三年二月学林出版社印行的《近现代上海出版业印象记》两本工具书，都不见盗印《浣衣母》的上海“三联出版社”的介绍。证明做贼心虚，“三联出版社”没有留下什么“史料”。

《浣衣母》盗摘《中国新文学大系·小说二集》中的十五家作品，这十五个作家，除鲁迅一九三六年秋去世外，其他作家尚有机会得见此盗印本，不会完全没有被发现的史实记录，至少全面检读这十多个作家的那些年头的私人通信和日记，可以找出相关言说。赵家璧是直接的受害者，他不会完全不知情的。

《浣衣母》没有版权页，不是残缺，完本就没有版权登记。这册盗印本的印行时间，应在《中国新文学大系·小说二集》上市之后。如果是出版机构的“内贼”来操办此书印行，时间也该在《中国新文学大系·小说二集》打成纸型之后，可以从鲁迅的相关日记和书信以及赵家璧等相关人员的现场记录中间接得知。

左联后期的“林矛”自捧

罗银胜著《王元化和他的朋友们》二〇〇九年三月由长江文艺出版社出版，在这本书的《王元化与林淡秋》一章中，叙及王元化回忆林淡秋讲过的一件左联旧事：“记得还是在抗战时期，有一次他向我谈起，左联中一位常委用化名林矛写了一篇文章，然后又以第三者的口吻吹捧这篇文章，组织大家去学习。”

这是有根有据的史实追忆，与“说是道非”无关。这则王元化转述的林淡秋“在抗战时期”回忆的左联时期的“林矛”自捧予以细化，可使之成为“中国左翼作家联盟”立体历史有机部分的细节之一。

查林淡秋自述，他在《“左联”散忆》一文中说：“一九三五年冬，我由‘社联’（社会科学家联盟）转入‘左联’，参加由徐懋庸、何家槐和我三人组成的常委会。”这是收在由中国社会科学出版社一九八二年五月公开出版的两卷本《左联回忆录》下册中的说法，林淡秋此文写于一九七九年八月二日，此时他在杭州。见到的林淡秋谈左联的文字还有一次，是一九七七年四月二十五日的“谈话录”，收在上海师范大学中文系鲁迅著作注释组同年十月内部印行的一本书名为《鲁迅研究参考资料》的小册子中。

这篇《访问林淡秋谈话记录——关于“左联”末期有关情况介绍》中，开头第一段林淡秋就直话直说：“……起初我参加的是‘社联’。‘左联’解散前半年才转入‘左联’。那时，参加‘左联’常委工作的是徐懋庸、何家槐和我。徐懋庸很活跃。”

再查徐懋庸的左联经历，一九三五年夏刚在两三月前接替遭政府逮捕的田汉和阳翰笙主持左联工作的任白戈要去日本，徐懋庸接着负责左联日常工作，稍后就是林淡秋说的由徐懋庸、何家槐和他本人共同组成“左联常委会”。林淡秋回忆“徐懋庸很活跃”肯定也是事实，因为此时徐懋庸才二十五六岁，代表左联跟鲁迅等所有大腕左翼作家联络，他能不“很活跃”吗？

林淡秋在左联解散不久对王元化讲的左联一“常委”化名“林矛”发表文章后“又以第三者的口吻吹捧这篇文章，组织大家去学习”的人，在上面的叙说中已昭然若揭——就是徐懋庸。

徐懋庸

二十五六岁的人，玩阳谋玩阴谋都不会太严谨的。“林矛”这个笔名，一眼即可辨认出与“懋”这个字有关，是笔名使用中惯常的拆字法。“懋”，本来就很少人用，在左联当年能写文章的团体内百人左右的队伍中，可能就只有徐懋庸使用了“懋”字入名。这回他用“林矛”发表文章，“又以第三者的口吻吹捧这篇文章，组织大家学习”，三个常委中另外比徐懋庸年长五六岁的两个常委马上识破，再自然不过了。所以，左联解散不到两年，林淡秋这位见证人就向王元化公开了这起左联常委自捧事件。

“林矛”是徐懋庸的笔名之一吗？查阅一九八八年十二月由湖南文艺出版社印行的一百一十多万字的巨卷《中国现代文学作者笔名录》（这是钦鸿等人笔名研究的集大成），在“徐懋庸”条目下已落实了的笔名共有二十四个，却没有“林矛”，只有“林予”。

編輯發行 韜奮
發行所 大众生活社 上海福州路復興里 電話 九六一五三
第一卷 第三期
一九三五年十一月三十日出版
星期評壇——華北問題 所謂『三大原則』 中國文字大众化
談『自治』和『被治』 金仲華
煩悶青年的呼聲 畢雲程
施劍翹女士的愚孝 柳湜
一九三五年的蘇聯 仲足譯
動盪中的華北一隅 沈沉
社會漫畫 蔡若虹
圖畫的世界 金仲華 沈振黃
愛誰的國 杜重遠
伽瑪與歐洲勢力的東漸 仲實
『等不得』 平心
一種基本的覺悟 林矛
最留戀的一個地方 韜奮
零售四分 年五十期 國內元半 國外三元半
中華郵政掛號立券

《大众生活》第一卷第三期发表徐懋庸以“林矛”为笔名的《一种基本的觉悟》

查一九八五年七月由江西人民出版社印行的王韦编《徐懋庸研究资料》，在“著译系年”栏目内自一九三五年十一月起，徐懋庸用“林矛”笔名在第一卷头七期《大众生活》每期一篇地连续发表了《高尔基和香菱》、《几首诗的比较》、《一种基本的觉悟》、《偶然做或拼命去做》、《李杜文章》、《文艺和社会科学》以及《文艺和自然科学》七篇文章，后来又陆续在第九期发表《文艺和哲学》、在第十期发表《文艺和一般艺术》、在第十一期发表《文学遗产》、在第十三期发表《找寻影响》、在第十四期发表《"身边文学"和"世界文学"》五篇文章，前后十二篇使用的笔名的确是"林矛"。被徐懋庸自己"以第三者的口吻"来"吹捧"和"组织大家学习"的，应该就是这十二篇文章中的一篇或者几篇。

徐懋庸只使用过"林矛"这个笔名，"林予"的笔名当另有所属。参考转手过录的材料，一定要谨慎。除了尽量多地查阅能见到的权威专门出版物之外，最好再费点儿力去找原刊来核实一下。一般的情况像《徐懋庸研究资料》这种专门专业人士弄出的专业资料书，当然可以信任，但如果再去核实一下徐懋庸这十二篇文章在《大众生活》的原刊件，就更可靠了。

原刊《大众生活》固然难找，但是一九八二年一月上海书店影印了这份周刊，精装合订为一册，各中型以上的公益图书馆一般都有收藏，还有电子文本，打开了每一期的目录和相关正文逐篇核实一下所使用的笔名就更为可靠一些。上面的十二篇文章篇目，就根据《大众生活》的原刊文字作了几处订正，如《偶然做或拼命去做》就被《徐懋庸研究资料》误为"《偶然做成与拼命去做》"，见该书第三百九十二页；然而该书第四百三十二页的书目《怎样从事文艺修养》中的这一篇又是正确的。足见编者自己和出版社的有关审稿校稿者，都没有养成前后核对一部书稿相关部分文字的良好编校习惯。

顺便说明一下，徐懋庸在《大众生活》周刊上发表的十二篇文章，就是他一九三六年十二月在上海三江书店印行的《怎样从事文艺修养》的前面部分，原来是一部书稿的组成部分。一个二十五六岁的青年，能一口气写出二十多篇系列文章论说文艺问题，是值得肯定的。至于"以第三者的口吻"来"吹捧"和"组织大家学习"自己的文章，我看也不是什么特大的品质问题，这些文章确是有点儿气势，细细考究，多半都是套用当时流行的红色观点在那里演绎为文。不仅徐懋庸，鲁迅和茅盾的有关著述也免不了这类做法。

还有，王元化回忆林淡秋讲过的徐懋庸“以第三者的口吻”来“吹捧”和“组织大家学习”自己的文章这件左联旧事，之所以被另外的“左联常委”发现，应该是《怎样从事文艺修养》这本书用“徐懋庸”的署名出版后，根据刊物逐篇发表时使用的笔名和出版图书时使用的真名对比看出来的。因为时隔不久，是很容易被发现的。

老川大的《工作》和《半月文艺》

比《工作》印行时间稍后，也是在四川大学校园内编印的文学期刊《半月文艺》，这份杂志的主事者即编委会“五个执委”之一的菲于当年写了一篇“报告”《文艺在川大》，这篇“报告”的完成时间在文后注明“改作”于一九四〇年五月，发表于同年七月一日出版的第五、第六期合刊《半月文艺》头条。

菲于的《文艺在川大》共有七小节，短小精练的文字白描了不少当年远非仅限于四川大学的文学“历史现场”，是一件重要的文学史档案材料，其中写道：“去年，文艺的空气更转到活跃，教授们出版了《工作》，经常撰稿的都是些文坛闻人，如朱光潜，罗念生，卞之琳和沙汀，周文，何其芳，陈翔鹤……曾惹起了整个文坛的注意；同学们也出版了《半月文艺》，经常写稿的有方敬，倪平，蔡天心，卓耕，丙生，林丰，倪明，菲于……”

这儿的现场记录说得很明确："教授们出版了《工作》"，"同学们也出版了《半月文艺》"，而且分别把使得"文艺的空气更转到活跃"的两个刊物的主要撰稿人罗列了出来。

但是，非常遗憾，无论是"教授们"出版了八本八期的《工作》还是"同学们"出版了九本十期的《半月文艺》，在常见的有关那个年代的文学史料类书刊上都查不到较为详细的介绍。下面仅就已经见到的六本六期《工作》和九本十期《半月文艺》，再参照有关回忆和史料点滴，试着介绍一下。

"教授们出版了《工作》"

以何其芳为主，方敬和卞之琳等为辅，在"成都四川大学菊园"编辑的《工作》半月刊一九三八年三月十六日印行创刊号，不足四个整月，准时半月一期地出够了八本八期。一九三八年七月一日印行的第八期卷尾有一则《暑假休刊启事》："现届暑期，同人工作不易集中，本刊暂行停出，此启。"自此，

《工作》停刊。

一九四〇年五月八日，何其芳为延安《中国青年》杂志写过《一个平常的故事》，直接说到他编印《工作》的事。何其芳写到"抗战来了"以后，他说："我到了成都，我想在大一点的地方或者我可能多做一点事情。我教着书，写着杂文，而且做一个小刊物的发行人。我和一个朋友每期上印刷所去校对；我几十份几十份地把它寄发到外县去，送到许多书店里去；我月底自己带着折子到处去算帐。"

何其芳一九一二年二月初出生，编印《工作》时他二十六岁，是一个大青年。何其芳是一九三八年二月初过完春节很可能是过了"正月十五"就从家乡即四川的万县来到成都的，他并不是像菲于《文艺在川大》文中所说的在四川大学当"教授"，而是在成都市内一所中学任教，不过他与方敬、卞之琳等都借住在"四川大学菊园"内。何其芳任教的具体学校，当时叫"成属联中"即后来的"成都市第四中学"。教学之余，何其芳积极参加了当时成都文艺界的一些活动。而与方敬和卞之琳等人合作主办《工作》半月刊和为这个刊物撰稿，是何其芳这一年在成都所从事的更为重要的文艺活动。

何其芳

一着手开始筹备《工作》，何其芳就写了长篇文章《论工作》，是这年的三月五日写的。也就是说，《工作》半月刊正式列为何其芳在成都逗留期间的重要工作日程，是在一九三八年三月初前后。长达四五千字的《论工作》发表于这一年三月十六日印行的《工作》创刊号。紧接下来，每期的《工作》都有何其芳的作品：第二期发表杂文《论本位文化》、第三期用笔名“杨应雷”发表散文《万县见闻》、第四期发表杂文《论救救孩子》、第五期发表杂文《论周作人事件》、第六期发表杂文《坐人力车有感》、第七期发表新诗作品《成都，让我把你摇醒》、第八期发表杂文《论家族主义》。

第七期，除了刚才提到的他的诗歌新创力作《成都，让我把你摇醒》外，还有一篇文章可能也出自何其芳之手，这篇文章就是署名“郭梦愚”的《续万县见闻》。推测《续万县见闻》出自何其芳之手，是由于题目本身就可以证实，“续”是接着上一篇同类文字往下写。还有文章的思路、结构等与《万县见闻》是一脉相承。《万县见闻》共四节，《续万县见闻》共三小节，都用阿拉伯数码标出。《续万县见闻》第一节开篇写的“我在教室里仿佛又听着一位教师说那些……”，显然就是何其芳自己一九三七年九月回到家乡在万县师范教书时的所见所闻。发表在《工作》第三期上的用“杨应雷”作笔名发表的《万县见闻》被何其芳改题为《某县见闻》，已收入他亲手自编的文集《星火集》初版本中，初版本《星火集》一九四五年九月由重庆“群益出版社”印行。作于一九四九年八月二十四日的《星火集续编》之《后记一》文末，何其芳说及该书新收文字署名时写道：“第一辑第四辑很多都是用的假名，现在还记得的有杨应雷，劳白行，邬夫哀，卜冬，劳君乔等。”七年之后，到一九五二年八月的上海“新文艺出版社”版《星火集》，何其芳在一九五一年四月七日“于北京”写的《后记三》中认为《某县见闻》等几文“内容较空洞或者毛病较多”而将其删去了。其实，无论是《万县见闻》还是《续万县见闻》，文章“内容”绝无“空洞”之嫌，“毛病较多”当然也更谈不上。细读两文，可能作者是为了“文章”之外如“乡情”之类的尘俗考虑，才抽去已隐去了“万县”实指字样的《某县见闻》的。说何其芳删去《某县见闻》“是为了‘文章’之外如‘乡情’之类的尘俗考虑”，是有根据的。根据就是何其芳作于这年“四月二十八日清早”的《论救救孩子》末尾引述的一封友人寄来的信上的话：“省师的教职员见着你在《工作》上写的文章，很不满……”这导致“省师的教职员”对何其芳“很不满”的文章就是发表在《工作》创刊号上的《论工作》，此文谈了万县当年的教育现状。

分两期刊布在《工作》上的《万县见闻》和《续万县见闻》，有点类似何其芳稍后印行的《还乡杂记》，现实迫使他从《画梦录》的“梦”中惊醒过来，对他的家乡一角土地上已经被他感知到了的实况实景，一反他往常的抒情，改用了焕然一新的有力笔触，予以揭露和鞭挞。在《万县见闻》和《续万县见闻》里，愤怒的感情替代了往日虚无的幻想，朴素的文字替代了往日精美的雕饰。

对于何其芳，第七期《工作》首发他自己的新诗名篇《成都，让我把你摇醒》，也是一个特大的纪念。中国现代文学研究界在何其芳“思想转变”即由《画梦录》前期转向“延安”即所谓的“后期”这个问题上没有异议，都认为《成都，让我把你摇醒》是一块“界石”。在成都的半年时间，有一大半时间为何其芳谋生之余专事与友人操持《工作》半月刊的编印发行和供稿大业。可以说，是在成都办《工作》以及为《工作》供稿的过程中，何其芳的思想发生了很大变化，是“成都”的火热的抗战现实把“画梦”中的何其芳自己“摇醒”了，最终使得他选择了投奔延安。

除了上述这个意义，“《工作》最初发表本”《成都，让我把你摇醒》的初始面貌也是中国现当代文学研究界求而不得的珍贵版本，连本该“权威”的一九九〇年十二月上海文艺出版社出版的《中国新文学大系（1937—1949）》第十四卷“诗卷”中收录的这首诗也已经是七年之后诗人修改了一二十处的第二个版本了！何其芳发表在《工作》的所有作品，后来编入他的文集，都有比较重要的改动，像《论家族主义》由初次发表本的一千八百字删改为只剩一千三百字，可见研究何其芳作品版本的重要了。

其他作者发表在《工作》上的作品，都是不可以随意忽略的，有的还具有极重要的版本价值。没有收入一九八〇年二月四川人民出版社出版的《陈翔鹤选集》的《悼死哀生》就是陈翔鹤的一篇现场记录《浅草》重要早夭诗人王怡庵的文献，估计是该书编者不知道陈翔鹤有这么一篇文章，才导致失收的。陈敬容的散文作品《津站某日》初次刊发在一九三八年四月十六日《工作》第三期上，但与收入一九八三年六月四川人民出版社初版《陈敬容选集》和二〇〇八年九月复旦大学出版社初版《陈敬容诗文集》中的同一作品校勘，发现有至少一百多处的修改，有几处修改显然值得斟酌。比如《工作》初刊本有一段写逃离家乡的难民心理活动，原为："走吧！人们相继离开了那令人依恋的古城，把自己的工作，把自己的希望，一齐扔在乌有之乡。"任何一个逃难的人不可能没有这类茫然，但最后的"一齐扔在乌有之乡"到几十年后的选集和文集却已经是"一齐带到祖国的怀抱"，改得莫名其妙，难道被迫离开的那座"古城"就不是"祖国的怀抱"了？找来一九四六年十一月"文化生活出版社"的上海印本《星雨集》，原来这一句在《星雨集》中已被改动了，不知是作者主动修改还是出版社的编者所为。

具体到《工作》半月刊的办刊事宜，前引何其芳《一个平常的故事》那一节话已大体说得明确了。再细一点，我们综合当年的当事人卞之琳、方敬和罗念生的回忆，可以知道得更详细一些。

何其芳到成都，他的目的就是要给自己和同好伙伴们创办一个发表作品的园地，所以，他一提出《工作》办刊方案来，就得到了包括供稿和印刷经费方面的实际支持，主要供稿者几乎大都是排印等所需经费的赞助者。关于《工作》的办刊印刷经费，罗念生一九八一年秋冬有一封信说得很具体，这封信主要部分发表在一九八一年年底成都出版的《抗战文艺研究》创刊号第五十二页，即最末一页上，信中谈及《工作》的经费，罗念生写道："《工作》是由朱光潜、谢文炳、卞之琳、何其芳和我等六个人(其他一人似是叶麟)各出十元创办的。"

《工作》的办刊宗旨是：面向大学生和中学生以及社会知识界，宣传抗战、宣传新文化，触及社会时敢于针砭时弊；体裁以杂感、小品、随笔、报道等散写文字为主，注重现实性；办刊形式是自费、自写、自编、自印、自销。名义上由卞之琳担任"主编"、何其芳担当"发行人"，其实何其芳全面具体负责，出力最多。前面引述何其芳《一个平常的故事》中说的"我和一个朋友每期上印刷所去校对"的"一个朋友"指比何其芳小两岁的方敬，不久方敬就成了何其芳的妹夫。按照当时的真实情况，方敬属于学生，他精力充沛，还给本文开始我们提及的《半月文艺》供稿，并且以他为主做编辑工作。

已经出版了的八期《工作》上的作者阵容相当可观，其中的何其芳、卞之琳、朱光潜、谢文炳、沙汀、陈翔鹤、罗念生、周文、顾绶昌、刘盛亚、陈敬容、周煦良等在当年都是颇具文学或学术声名的人。包括何其芳本人在内的作者为《工作》提供的文字，从文后的写作时间来看，大多是急就章，但是绝非敷衍之作，比如谢文炳发表在第五期上的《谈野劲》和第八期上的《崇拜英雄和拥护领袖》即便以今天的文章水平来要求，也是水平线之上的好作品，这两篇文字没有改动地被编进了一九九四年七月四川大学出版社版《谢文炳选集》，可以参阅。方敬虽然不太有声名，但他的年纪仅仅比何其芳小两岁，再加上他对文学的敬业，使得他的文章如发表在第六期上的《保护色》等都具有比较充实的内容。

关于何其芳为《工作》组织稿件寻找作者的认真，其中当年只有二十一岁的四川自贡的文学青年李石锋，可以作为实例之一。李石锋是一九三七年七月中旬在万县经人介绍结识何其芳的，何其芳办《工作》时李石锋已经在武汉了。当何其芳的约稿信邮寄到了武汉，颠沛流离的李石锋仍然及时地为《工作》提供了作品，这作品就是发表在第八期《工作》上的《汉口街头记》，李石锋写于这年的六月二十六日，却赶在了七月一日出刊的杂志上发表。这个时间差，可以推测最后一期的《工作》，是没有按时发稿而拖延了实际出刊时间的。

这段有关李石锋的旧事，是李石锋自己的晚年回忆文章说的。李石锋一九八三年三月写了一则短文，题为《一面之缘——忆何其芳》，文章被编入一九八九年六月刊行的“非卖品”《水龙吟——李石锋纪念文集》中，李石锋回忆当年自己“离开万县到武汉”，“接到何其芳从成都来信，说他同方敬合编一个刊物叫《工作》，要我写稿子，我答应了，而且也兑了现”。

为《工作》处理编印琐碎事务的人以及为《工作》提供稿件的人，都是当作使命来完成的，现在留存在历史上的《工作》，应该是我们这个民族珍贵的文学乃至文化财富之一了。

然而，这份珍贵的文学乃至文化财富之一的自费编印、自办发行的《工作》半月刊，如今的读者如果不见到实物，谁都想象不到它的简陋：每一期只有十六开大小的四页纸，文字八面，无封面、封底，刊名等就在首页右侧辟出三公分多一点的一条位置，依上、中、下用短横线隔为三小块，最上方是何其芳用毛笔自书的略带魏碑味道的“工作”刊名，中间是“版权页”的内容，下边是刊期、出版日期和目录，和鲁迅等同人创办由孙伏园编辑的头八十期十六开本早期《语丝》和周作人、废名等办的《骆驼草》完全一个样，可以说何其芳办《工作》是“老北大”的优秀办刊传统。连续刊期的每页编码是连贯的，每本每期八个页面，一共八本八期就是六十四个页面了。

只印了八本八期的《工作》很难凑齐一整套，连卞之琳写回忆录也只找得四期。沙汀研究专家们二十世纪八十年代初动用国家学术力量和国家图书资源为“中国当代文学研究资料”丛书编选《沙汀研究专集》时，沙汀发表在《工作》第二期上的《一伤兵》和第五期上的《同难小记》就因为不知道有此刊物而没有在“作品系年”中列出作品篇目来。

《工作》在中国现代文学史上的价值，一九三九年四月十日出版的《抗战文艺》第四卷第一期刊登的周文《成都抗战文艺运动鸟瞰》中一段话可以参考，周文是这样说的：“这时期，以一些爱好文艺的教授为中心，首先出版了《工作》半月刊，各种形式的文艺作品都有一点。在编选上是相当严谨的。其内容一般的都是表现着在反映现实，同时在技巧上又要相当不错的，因此撰稿人的范围较狭一点，只是些熟名字的少数作者。这刊物，一些人誉为开创了在成都的文艺刊物相当严整的现象。不过另一些人又觉得不满足，但究竟还缺少富有血肉内容的作品，虽然在杂文方面倒有几篇颇为出色的有积极意义的文章。”

一九三八年四月初，周文就刚读完的《工作》第二期写了一篇评论，文章的名字就叫《〈工作〉第二期》，分两次发表在四月九日的《四川日报》副刊《谈锋》上。没有找到这篇文字，但上面这一段论述是全方位的，是值得作为对《工作》文学史地位认定的参考的。

本书作者自存的六本六期《工作》

为了便于更具体地了解《工作》，我把我手头六本六期的全目照录在下面。

第二期（民国二十七年四月一日）：孟实《露宿》、沙汀《一伤兵》、罗念生《忆马拉松战场》、何其芳《论本位文化》、王宛《漫谈香港》、卞之琳翻译纪德原作《新的粮食（壹：一续）》。

第三期（民国二十七年四月十六日）：邓均吾《一定要学习去爱人类》、周文《没有时间的城市》、杨应雷《万县见闻》、陈敬容《津站某日》、方敬《红色证章》、卞之琳翻译纪德原作《新的粮食（壹：二）》。

第五期（民国二十七年五月十六日）：何其芳《论周作人事件》、谢文炳《谈野劲》、周文《吃表的故事》、沙汀《同难小记》、张旋《从六安到汉口》、卞之琳翻译纪德原作《新的粮食（壹：四）》。

第六期（民国二十七年六月一日）：孟实《再论周作人事件》、顾绶昌《我看见了英国》、刘盛亚《海上的夜宴》、方敬《保护色》、何其芳《坐人力车有感》、卞之琳翻译纪德原作《新的粮食（贰）》。

第七期（民国二十七年六月十六日）：何其芳

《成都，让我把你摇醒》、谢文炳《警报》、陈翔鹤《悼死哀生》、郭梦愚《续万县见闻》、卞之琳翻译纪德原作《新的粮食(贰续)》。

第八期(民国二十七年七月一日)：周煦良《诗的朗诵问题》、何其芳《论家族主义》、谢文炳《崇拜英雄和拥护领袖》、罗念生《鳞儿》、李石锋《汉口街头记》、卞之琳翻译纪德原作《新的粮食(叁：一，二)》、工作半月刊社《更正》和《暑假休刊启事》。

再根据间接材料，抄录出创刊号和第四期《工作》的篇目。

第一期(民国二十七年三月十六日)：何其芳《论工作》、谢文炳《石桥大郎》、方敬《"荣归"》、卞之琳《〈新的粮食〉译前话》、卞之琳翻译纪德原作《新的粮食(壹：一)》。

第四期(民国二十七年五月一日)：何其芳《论救救孩子》、孟实《花会》、卞之琳《地图在动》、董叔昭《淞沪战场的一景》、罗念生《御前会议》、卞之琳翻译纪德原作《新的粮食(壹：三)》。

“同学们也出版了《半月文艺》”

四川省社会科学院文学研究所主办的《抗战文艺研究》一九八二年第四期上，有一篇施幼贻《忆作家刘盛亚》，第五节是叙说刘盛亚一九三九年秋被聘为四川大学外文系教授后对“川大文艺研究会”大力支持的事。施幼贻写道：“四川大学有一个叫‘文学研究会’的学术组织，在党的领导下，团结了一大批进步学生和教师，工作搞得十分火热。‘文研会’出版了一个刊物，叫《半月文艺》，另外还办了一个壁报是‘文研会’的会刊。因为印刷困难大，《半月文艺》经常不能按期出版，‘文研会’主要精力，便放在‘会刊’上。刘盛亚和文学院教授谢文炳、罗念生、卞之琳等，都积极支持‘文研会’的工作，由于‘文研会’是一个进步文艺团体，一向为学校当局所注意，刘盛亚经常把他作为教授所能知道的一些有利或不利于‘文研会’的消息，及时地透露给‘文研会’，从而起到保护‘文研会’的作用。……

刘盛亚对人热情，年龄和同学们也很接近，所以，他和‘文研会’的接触比别的老师多，做的事也要多一些。”

四川人民出版社一九八九年十二月公开印行的《四川近现代文化人物续编》在介绍叶麟时，也有一节文字与上面引录的内容类似，为：“一九三七年至一九三九年，叶麟任四川大学教育系主任时，担任左派学生组织文艺研究会的导师，保护和资助进步学生蔡天心、邱觉新，以及‘伏虎寺纵火案件’的学生袁丙生(即袁珂)等人。”

以上两处忆述，都以重墨涉及了四川大学的一个学生组织及这个组织所主办的刊物。要弄清楚《半月文艺》，就得先弄清楚其主办团体即上面引文中说的通常简称为“川大文研会”的“川大文艺研究会”。

手头的《半月文艺》原件实物，其中第二期封面钤有一枚扁形椭圆蓝色印章，印文为“四川大学文艺研究会　研究干事会”。这个印章上的文字，应该是这个学生组织的一个部门。另外的五本六期

《半月文艺》原件实物上，该刊“编辑兼发行”的处所均为“川大文艺研究会”，只有第七期封二下方版权登记处有“国立四川大学文艺研究会”这唯一的一次全称说法。这本第七期《半月文艺》，是一九四一年二月在“峨眉伏虎寺川大文院”印行的。依照约定俗成法，主办《半月文艺》的学生组织应该以“川大文艺研究会”作为规范表述。

综合当事人的点滴回忆，再佐证于九本十期《半月文艺》，尤其是第十期《半月文艺》上落磊的《工作，学习，进步——为本刊十期及会报百期纪念》和林栖的《五年来的文艺研究会》两文，可对川大文艺研究会来一个扫描。

“川大文艺研究会”酝酿于一九三八年二月下旬，最初“由六七个爱好文艺的青年树立起来”的名字是“川大文艺座谈会”。二月二十七日的上午，从负责交涉地址的同学口中得知，“成立会”要由校方批准，拟简章、办立案手续的磋商结果使得该会易名为“文研座谈会”。一九三八年二月二十八日，首次“文研座谈会”正式举行，议题为《抗战后中国文艺的动态》，到会导师有朱光潜、罗念生、叶麟和"陈先生"，同学有李永和、罗幼卿、蔡天心、陈思苓、方敬等"六七人"。这十来个师生的"首次文研座谈会"开得很成功，"讨论非常的热烈"。一九三八年三月初"文研同人"成立"文研写作团"。一九三九年秋，川大迁校至峨眉，"文研会"特别活跃起来，由"成都时期"的三十九人发展到一百多人。这一阶段，不仅导师添增了顾绶昌、饶孟侃、周煦良和刘盛亚，而且"文研会"自身组织"愈加严密"，"除了五个执委是负责整个会务的进行外，还有一个编辑委员会和研究干事会，来扶助会务的进行"。"文研会"的衰落，是迁至峨眉三年后的事。林栖的现场记录是："三年来峨眉阴温晦晴的气候使得好多导师与同学或病或走了，留在这里的仅仅这么十来个会员，然而，因为多雨多雾的气候使这十来个人也有些怠气了。"这里的"或走了"，除了毕业便是指被政府征调。具体被征调的人就是羊葵、张维、天纵、星原和李岳南五个人。

可以说，在为一九四二年九月十五日出刊的第十期《半月文艺》写《五年来的文艺研究会》的小结时，坚持到最后的“文研同人”其实在有意识地宣告存活了“整整的五岁”的“川大文艺研究会”事实上已经星散，其“光荣历史”就是一百期的壁报和十期的《半月文艺》。“川大文艺研究会”的成员或使用过的笔名主要有羊葵、张维、天纵、天群、星原、李岳南、林栖、歌帆、李永和、罗幼卿、蔡天心、陈思苓、方敬、李伏伽、谭仲超、廖微户、少光、羊角（张宣）、白井、菲于（蒲孝荣）、鲁兵、寄尘、落磊、张明、许健、凡鸟、白森、卓耕（卓庚）、瘦石、丙生（袁珂）、章旻、南屏、旗开、晓天、林冰、张颐年和胡述英等。前后直接指导过这个学生组织的本校教授以及外地来蓉文人和作家有刘大杰、朱光潜、谢文炳、罗念生、卞之琳、叶麟、顾绶昌、饶孟侃、周煦良、刘盛亚、老舍、曹葆华、萧军、任钧、周文、沙汀以及何其芳等。

有关回忆和权威工具书把“川大文艺研究会”定性为“在党的领导下”的“左派学生组织”，是有一定的根据的。至少该组织前期的主要组织者之一蔡天心在一九三八年八月就参加了中国共产党，一九四〇年成都“抢米事件”发生后被中国共产党地下组织安排乘八路军办事处军车离开成都奔赴延安了。

但是，一个由青年大学生自由组合而成的文艺团体，它是否就一定会被部分主要组织者的党派色彩所左右，结论还得由其刊物上的具体刊发了的作品来作实际认定。“川大文艺研究会”主办的《半月文艺》一共印行了九本十期，前后发表了小说、诗歌、散文、剧本、小品文、杂感和书评各种体裁的作品约三百件，最长的有一万多字，短小者仅有几百字。虽然未载完，但从创刊号到第四期，还连载了一部中篇小说，直到作者离开而停止供稿为止。从细读过的《半月文艺》上发表的各类作品来考察，这份杂志基本上还算得上是较为纯粹的文学刊物。

在没有原始档案公布之前，我们只可以在《半月文艺》少有的编者后记中找出其编印过程一些内幕细节。第七期《编辑后记》中虽然说过“本期稿件已经本校训导处检查过，故在未印刷前未送四川省图书审查委员会审查”，但这一期的全部内容最终仍然送到政府有关部门接受了审查。因为在本期最后一页的文末载有“四川省图书杂志审查委员会审查证审乙字第二〇二号”的声明。也就是说，第七期原稿未送审，但校样还是送审了。第八期的封三版权页右边第一行字也是“四川省图书杂志审查委员会审查证审乙字第三五六号”，表明都是呈请政府有关部门审核通过。

是不是在审查时被抽掉了一些党派功利色彩过浓的文字呢？无法推论。现在所见到的《半月文艺》上的文字，也有直刺当年官府现实的，如第二期上发表的天群的“地方特写”《骚动》就是典型的一篇。

《骚动》写离成都“不过三四十里”的“小小的古城”被上司定为“模范县城”的操作全程，但所用文字全是文学口吻，如同沙汀《在其香居茶馆里》一样。虽标明是“地方特写”，其实应该称之为“短篇讽刺小说”。“×主任”要到这“小小的古城”来“视察县政”，无非是“视察”卫生、戒烟等项目。县长及其秘书亲自出马布置，“死寂的古城骚动着，到处显着活泼的气象”。几乎家家户户都在清洁自己的门户墙壁，还砍掉一些过密的树枝让街道更通豁明亮。在这"骚动"中，县长及其秘书仅仅抓了两件事：一是让学校的医院院主任借药给县卫生局摆样子并代县卫生局赶造一份就医的人名花册，还得派人在县卫生局医疗室坐诊装门面；二是找人凑足县长拟定的八十四个"烟鬼"名额明天到戒烟所戒烟以接受"视察"。作品的结局，在县长一面是得到了"全省的模范县"的表彰，在学校医院院主任一面是得到了一笔县长的"私人酬劳"。

这篇《骚动》的发表，证明无论是四川大学"训导处"还是"四川省图书杂志审查委员会"，都没有太为难青年学生们暴露社会现实的激情。

说当年四川大学当局跟丙生即"进步"学生袁珂过不去，估计这是当事人几十年后的回忆错位。在九本十期全套《半月文艺》中，袁珂以"丙生"和"文研旧卒"等笔名发表的作品有八篇之多，也就是说除第三期外，其他各期《半月文艺》上都有丙生这个"进步"学生的作品，甚至还有一篇是正面赞颂"延安作家"徐懋庸翻译的苏联作品的文章。

仔细阅读《半月文艺》，发现不少文字是二十岁左右的青年学子任何时代都会有的感情宣泄，鲜活倒是鲜活，就是蕴涵少了些，显得稚嫩。第四期发表的倪明的“报告”《我们在彭山》如实记录的川大学生们到当地街道做社会调查与居民交往时的情形，简直令有些阅历的成年人忍俊不禁——这哪儿是什么“社会调查”啊！但是，任何人都得经历这个人生练摊的初级阶段，所以倪明记下的一切，今天的大学生读了，也会照见自己的身影。

足以代表《半月文艺》作者水平的阵容，在第二期“五四”纪念特辑有一次整体展示。这个“五四”纪念特辑，共发表五篇文字，除林丰《去年“五四”的回忆》是散文外，方敬的《发扬“五四”的启蒙精神》、仲明的《怎样认识与纪念“五四”》、菲于的《文学革命的“五四”》(封面目录误“五四”为“四五”)和黄华沛的《“五四”杂谈》都是论文。

这个“五四”纪念特辑中，有冷静分析的文字。仲明《怎样认识与纪念“五四”》一文中就认为：“当时的情形是疯狂一般的，无条件地反对旧礼教，与无批判地接收新文化，这样‘无条件’‘无批判’的态

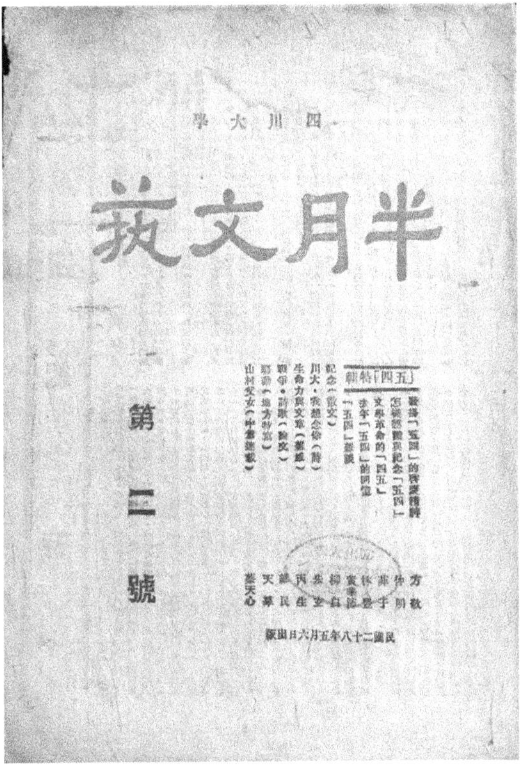

载有“五四”纪念特辑的《半月文艺》第二期封面

度，是‘五四’的弱点，然而也正是‘五四’的特质。”该文还认为：“在另一方面，‘五四’所给与我们的个人主义的思想，以及‘放纵’，‘浪漫’等情感上的弱点，在今天我们就必须摒弃。”

菲于《文学革命的“五四”》一文中也指出：“‘五四’至今，诚然，像郁达夫型的作家，那种颓废感伤与诅咒的作风，早已碾得粉碎，可是却不能抹杀这种文章对于当时旧社会的抗议，和破坏的进步作用。张资平型的作家那种恋爱小说虽然低级无聊，然而也有它产生的必然性，这必然性就是‘五四’时代两性解放运动文学上的反映。就是冰心型的‘母亲啊！海啊！’的诗歌，在目前的作家虽然没有那种悠闲细腻的情感了，但是当时这种对于大自然与人类纯洁的爱情之坦白的流露，也是以往封建教条的硬壳下所不容许的呀！”紧挨着下一段，菲于认为“过去的作者有他过去时代的使命，现在的作者也有他现在时代的课题”，多么客观辩证啊！

“五四”纪念特辑也有反映当年现实的文字，比如方敬的《发扬“五四”的启蒙精神》一文中透露，一位"青年中学生"向作者诉苦道:"我们学校训育先生专门没收新书,有一次一个同学看巴金的《家》便被发觉了,你猜他怎样说呢,他说:'看这类东西的就是不纯正的青年。'"

方敬此文还指出了好几例他以为的"愚昧"、"腐败"和"顽固",诸如"国文课"全都是"像念经谶似的",女中校长在"三八"妇女节那天专门强行要求女同学必须遵从"三从四德",一个中学校长"竟将千妥万妥,四平八稳的《万有文库》中小说一部门的书籍严封起来"之类。然而刚满二十五周岁的方敬面对这些现实,他也只能"愤青"似地空泛号召说:"我希望成都所有的知识分子,尤其是文化机关,教育当局,文协成都分会积极发动而且展开这个运动,让我们的民族文化吐放鲜美的花朵。"方敬所说的"这个运动"就是他心目中的类似"五四"的又一个"全国性的启蒙运动"。

与"学生们"水平参差不一的文字对应着的,是"教授们"发表在《半月文艺》上的老到耐品的好文章。《半月文艺》的每一期的编稿主持者都非常尊重他们的"导师"的文章，只要"导师"有文章投来，只要有可能，大都安排在头条位置，如第三期叶麟的《谈"朗诵诗"》、第七期罗念生的译诗《迎灰曲》等。

"导师"们的文字耐品，除了他们的"功夫"到家外，也得益于他们丰富的阅历，这儿引录发表在第八期上的罗念生妙文《穷》即可见一斑。罗念生这篇散文《穷》信笔拈来，从古至今、从外至中，让我们实地品尝了文人、诗人、作家"穷"的况味，他文中有三节分别写了三个他的朋友，如果我没有读错，这被写的三个人分别是艾青、沈从文和朱湘。

写艾青的一节是："我认识一位青年诗人，——他善于写无题诗，因此又叫'无题诗人'，——他在北方流浪时，常常来找我这个同病相怜的朋友，我只好封着自己的口，尽量帮忙他。他一会儿说要东渡去求灵感，一会儿要西归去接一个女相知，我告诉他浪漫事情未尝不可做，得要自己肩得起啊！那知他后来进入了那浪漫圈中，却伸出手来向我呼援，事变后听说诗人发了横财，我起初还不肯相信；后来我向他伸手时，他递给我的却是好几张上千元的借据，说他的钱就是这样花光的。前不久那朋友心中掉进了一颗炸弹，炸破了他几年来的美满，他便袖着清风往北方去了，希望他从此改变作风。”

写沈从文的一节是：“我还有一个写小说的朋友，他善于写湘西的古朴雄健的生活，关于从一件小事物上生出五十种联想。这朋友还没有成名时我便认识他，他那时穷自然是不用说的，妙在他不向你伸手，你自会接济他。因为母亲病，哭着要回乡，他能够在三五天内流着鼻血，写一部不长不短的小说，拿到一家书店里去换一笔钱来做盘缠，那样的书公然可以翻上十来版，那版税自然是被人家剥削，后来书走运了，那朋友依然是穷，可是每当饭上了桌子，为小妹想吃四川泡菜，不惜叫汽车到市场里去买。许多文人都这样闹穷的，或是一点不明白钱的用处，把汇票夹在稿子当中一齐拿去卖。听说我那朋友如今不再闹穷了，我的拙作在香港只能领第七八等稿费，千字两三元法币；他领的却是头等稿费，千字七八元港币，他这样还会穷吗？……我这朋友，聪明绝世，他如今变做了一个绅士，时常提携人家，教训人家。”

写朱湘的一节是：“我还有一个薄命的朋友，他善于做方块诗，善于翻译英国叙事诗，这位诗人一生穷，一生不叫穷，只因为他的骨头硬，脾气也硬。他每次过上海住在一个教室里，桌上只有面包果酱同文稿；据说他那次还空着肚子上洋船，他学成归国后更是潦倒；据说他除夕晚上无处安身，去到一个友人家里，想在那绿绒的沙发上躺到天明，做一个绿绒色的梦，那知主人送他一点钱，请他到旅馆去安息，他气愤的立起来就走了，那晚上天安门外有一个孤独的身影立在西北风中。又据说他会用一张稿子写上名字在天津拜访一位旧相知，他进门后眼睛直望着那包纸烟，不断的取来抽，不断的喷烟圈，烟圈里有多少玄思！他临走时竟把那剩下的纸烟袖走了。这朋友后来在上海连果酱面包都混不到嘴，竟在江心沉没了生命。”

没有见到《罗念生全集》，像这类美妙的素描文字不入作家文集、不被读者欣赏，简直太让我们这些弄专业的人丢脸了！所以，九本十期全套的《半月文艺》，最有价值的部分，除了“学生们”实写社会、实写自己的篇章之外，就是这些“导师”们的文字了！我粗略统计了一下，《半月文艺》发表“导师”们的文字有十七篇：罗念生有六篇、刘盛亚有三篇、饶孟侃有两篇、叶麟有两篇、周煦良有两篇、谢文炳一篇、卞之琳一篇。这十七篇“导师”的文字，有的已经入集，有的至今还是佚文，比如卞之琳非常精彩的速写短章《放哨三部曲》可以说是抗日题材的优秀作品，编入初中甚至小学语文课本都是很好的教材，可是连卞之琳著译目录也没有编入，当然是有关人员无法见到《半月文艺》的缘故了。

发表在《半月文艺》上的“导师”的文章，细读其中三篇谈论新诗的理论文字，可以看出这些“导师”在思考具有深度的同时也与现实紧密相融的特点。这三篇“诗论”文章分别是创刊号上的罗念生《谈新诗》、第三期上的叶麟《谈“朗诵诗”》和第九期上的饶孟侃《诗歌的基本概念》。这三篇颇有心得的“诗论”文字都没有被收入后来的新诗理论文集，比如花城出版社一九八五年十二月版《中国现代诗论》

上编收一九五〇年前的诗论五十三篇，却见不到这三篇诗论文字的踪迹，连一些总目性质、新诗纪事之类的资料编年也未能旁及。这并不能说明这三篇诗论不重要，而是初次发表这三篇诗论的《半月文艺》很难见到。因此，略为介绍一下这三篇诗论文字，是有必要的。

罗念生《谈新诗》写于一九三九年四月十四日，十天后发表此文的《半月文艺》创刊号就出版了。显然，罗文是应约赶写出来的。但认真读完这篇《谈新诗》，感觉罗念生所谈对新诗的看法，都是他长期思考的问题，包括对一些诗界现象的观察，也让人耳目一新。罗文写道："我认为战前的一两年是新诗的讨论时期，就文字音节、形式加以分析。那时期贡献最大的是朱孟实先生。此外如梁宗岱，周煦良，叶公超，林庚诸位先生都有不磨的功劳。我同这几位先生都在纸上动过刀枪。"接下来，罗念生举了一个具体实例，读来意味深长："我当时觉得各人的讨论都不接头，你说你的节奏我说我的节律。因在戴望舒先生主编的《新诗》上提出一些新诗术语，把各名词加以界说，却被朱先生教训了一顿，我也就放下了。这种不接头的现象到如今依然存在。比方我们对于朗诵诗的界说就各有不同，那些拥护朗诵诗和挖苦朗诵诗的人都把新名词说不出一个所以然。所以我们要讨论新诗，必得先有一种共同的术语。”这被抄录的一大节罗念生的文字，说了一个重大的原则，就是进行理论争鸣时的说话方向要大体一致的问题，至今仍有价值。

刚巧，罗念生提及的“朗诵诗”，第三期上的叶麟《谈“朗诵诗”》正是说这方面的问题的。这篇诗论中不少观点很有说服力，如叶麟认为的“讲求音节是要找出表现感情的音节，并不是要找出念来好听的声调”就是一例。

第九期发表的饶孟侃《诗歌的基本概念》，全是一二三四并 ABCD 这样分条罗列来释说“诗歌的基本概念”的，似乎是在响应罗念生提出的诗歌术语概念的“界说”的号召的。饶文也是一篇很实在的诗论文字，值得重视。

《半月文艺》的作者以不同的笔名来统计，有近

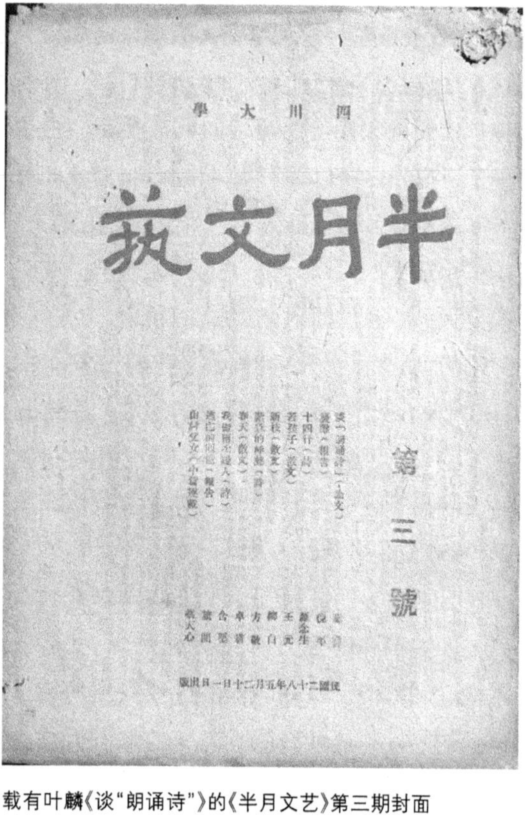

载有叶麟《谈"朗诵诗"》的《半月文艺》第三期封面

八十个。除“导师”们几乎全是“行不改名，坐不改姓”外，“同学们”却大多使用了笔名。把这些笔名逐一还原为原作者真名实姓，还真是一件极其不容易的劳作。

我见过的六本七期原件实物《半月文艺》上，除了一本有前面说过的一方印章外，此外还有两本分别写着“蒲孝荣同学存”和“石苏师存览”。“石苏”是叶麟的字。“蒲孝荣”就是在《半月文艺》多次出现的“菲于”和一次座谈纪要时的“蒲菲于”，一九五〇年后，他一直生活在成都，在地方志部门工作，直到一九九八年前后去世。

在头四期连载中篇小说《山村父女》的“蔡天心”，是一个真名，他是东北人，抗战时流浪到成都借读于四川大学，他和菲于是头几期《半月文艺》的“当家人”。

通过细读作品，还大体弄清了两个学生作者的眉目。一个是“倪明”。这个倪明，是扬州或仪征的人。因为他在《半月文艺》第四期发表的《我们在彭山——川大农村服务团报告之一》中，写同学们不少都离开学校了，接着便是写他自己：“我呢！回家吗，家在遥远的扬子江畔；……”还有，“卓耕”和“卓庚”是一个人的笔名，他两篇散文《江上的黄昏》和《春天》的笔调完全是一个韵味，可以大体落实下来。而且，卓耕不是四川人，在彭山体验社会时正读着大二。这在他的散文中也有叙述。

看来，弄清楚《半月文艺》全部作者的情况，并非完全没有线索。

和《工作》一样，《半月文艺》不标明“主编”之类的名单。但从已经发表的署名文章，可以初步判定各个阶段的刊物实际主持人。写《文艺在川大》的非于，无疑是最初几期刊物的实际主持人之一。写《工作，学习，进步——为本刊十期及会报百期纪念》的落磊当然就是最后几期刊物的实际主持人之一。

有关《半月文艺》，还存在着不少有待进一步弄清楚的问题，比如刚说过的学生作者的考索、比如那些教授和文人作家对于“川大文艺研究会”的指导的具体事迹的详尽钩沉，就都是要下苦功夫和费长时间才有可能细细探究出一点儿实在的成绩来的。

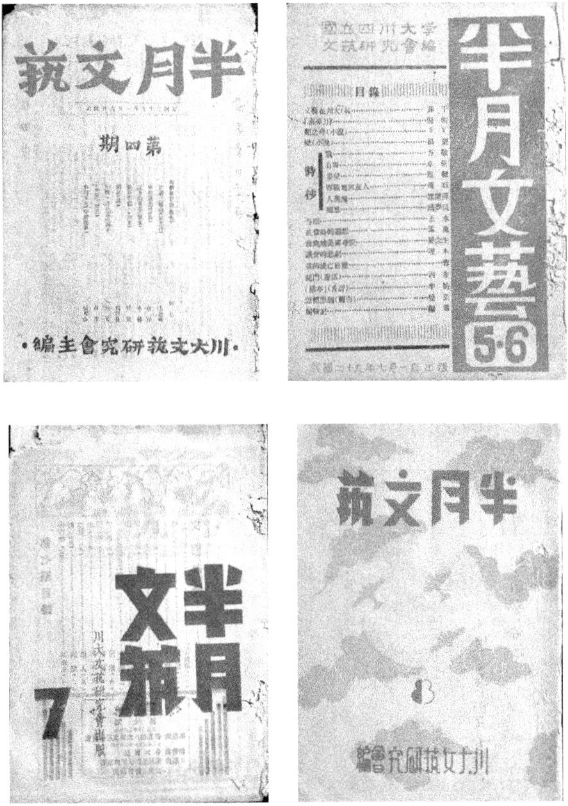

《半月文艺》第四期至第八期封面

叶圣陶与《笔阵》

查阅叶圣陶日记，他在一九四二年三月四日这样记道："王冰洋君来信，言成都'文协'分会新近改选，余被选为理事，本月七日午刻，新理事在四五六餐馆集会。"

"成都'文协'分会新近改选"的"新近"是具体哪一天呢？

一九四二年六月一日在成都出版的《笔阵》新三期卷末有"文协"成都分会发布的署名"总务部"写于该年五月十三日的《会务报告》，报告开头就是："本年三月一日在青年会举行的会员大会产生出了第四届的理事——李劼人、叶圣陶、陶雄、牧野、陈翔鹤、王余杞、王冰洋。"

接下来，上述《会务报告》公示了随即召开的第四届理事第一次会议的几项决定，其中一项决定便是"叶圣陶牧野主持出版"。这项列为"本年度的中心工作”的“出版”的具体任务是:“第一是充实《笔阵》。从新三期起,每期容量扩充为七万字,份数至少三千册,稿费每千字十五元至二十元,稿件由出版部审慎选择,宁阙毋滥。”

在“新三期”由牧野署名的《编后杂记》最后一小段明确告诉读者:“本刊自本期起,编选方面多为叶圣陶先生负责,我在出版部只是打打杂而已。”

再查阅叶圣陶日记,他在一九四二年三月七日写道:“入城,至月樵所谈半小时。途遇王冰洋,……遂与王同至四五六餐馆,赴成都‘文协’之会,到新选理事凡十人,李劼人、陈翔鹤与焉。共谓《笔阵》虽已出版,唯内容不充实,脱期亦利害,今后拟整顿之。”这一天的日记在“正事”的录写之后,还有“谈笑甚欢,饮食亦畅,三时始散”的轻快句子,足见四十八岁的叶圣陶那天的心情之愉悦。

一九四二年六月一日在成都出版的新三期《笔阵》,封面和版权页都标明是“叶圣陶牧野主编”。

此处的叶圣陶这个与牧野联名的“首席主编”不是挂名，他是真的要通审全部拟用稿件的，读一读叶圣陶一九四二年四月份内两天的日记中当时的“现场记录”，就可以明白了。

七日：“灯下看文协会杂志《笔阵》之来稿，实无佳者，而又不能不用，看下去殊觉无味。”

九日：“续看《笔阵》稿，至午后二时而毕。”

两天日记中的简略实写表明，虽然“来稿”使得叶圣陶“看下去殊觉无味”，但他还是坚持在隔了一天之后又接着“续看”，直至看完全部拟用稿件。

除了“中华全国文艺界抗敌协会成都分会”的总务部《会务报告》和出版部《编后杂记》之外，这个“新三期”《笔阵》共收作品十篇，其中两篇是翻译，八篇是创作。八篇创作包含了小说、诗、剧本以及论文、诗论和创作经验。具体篇目依次为郭沫若“论文”《今天创作底道路》、孟引“论文”《人的历史》、陈翔鹤“小说”《刀环梦》、歌德作 SY 译的“诗”《赠丽娜》、柳倩“诗”《只要命令一下叫我们出动》、禾波“诗”《嘉陵江岸的卖花女》、德白歇作SY译的“诗”《怀乡曲》、王亚平“诗论”《论诗的想像》、陶雄“独幕剧”《九年以后》以及老舍“创作经验”《小报告一则》。译文作者署名中的“SY”，就是刘盛亚。

紧接一九四二年四月七日和九日的日记中审读《笔阵》来稿的记载，在“新三期”《笔阵》出刊后的一九四二年九月二十七日的日记里，叶圣陶记载道：“又看《笔阵》之投稿。”这一回，叶圣陶有了严格对待“投稿”的勇气，他不客气地实录：“不可用者交吕朝相加封退回。”

“吕朝相”就是叶圣陶身边后来使用“洪钟”为笔名的一个助理工作人员，帮着叶圣陶办一些“加封退回”不用之稿件的琐事。可惜，找不到整套的《笔阵》，否则就能细细地具体欣赏叶圣陶严加挑选稿件后编成的刊物了。

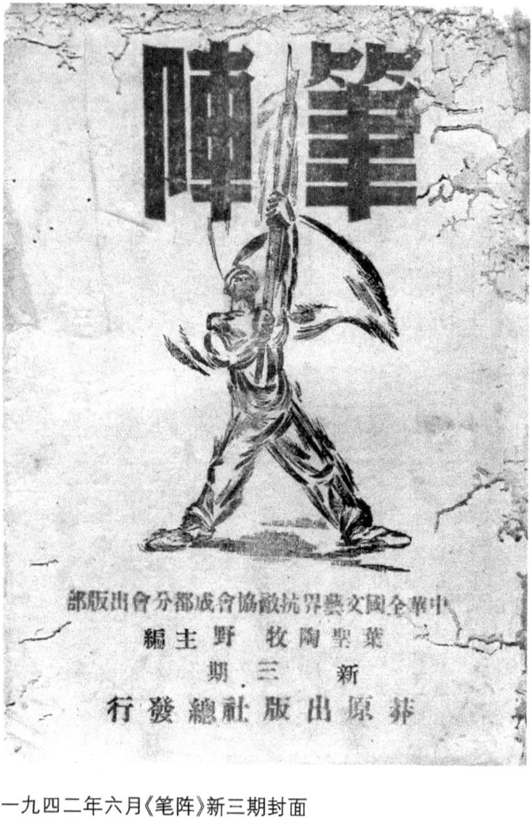

一九四二年六月《笔阵》新三期封面

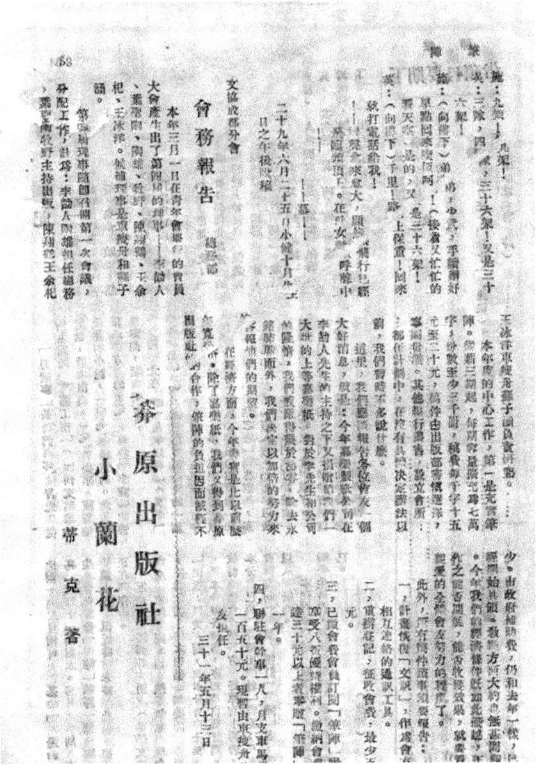

文協成都分會

會務報告

總務部

莽原出版社

小蘭花

蒂克 著

《笔阵》新三期所载文协成都分会总务部《会务报告》

张爱玲《传奇》小说集的篇目

由华龄出版社于一九九一年一月印行的《文学百科大辞典》第四百六十七页收有张爱玲小说集《传奇》的条目，并列举一九四六年十一月上海山河图书公司出版的《传奇》增订本的全目，条目中写道："又收入新作六篇，共收十六篇小说。计有……《中国的日夜》。"引文中省略处原为另外十五篇小说篇名。

这部《文学百科大辞典》里对《传奇》篇目的叙说，是不准确的。究其根源在于张爱玲本人和山河图书公司编校人员没有在《传奇》增订本的目录标示得更醒豁。

在山河图书公司印行的《传奇》增订本的目录上，没有列出新写的序文《有几句话同读者说》，作为跋文的《中国的日夜》与十五篇小说的篇目连排，且用了一般大小的字号和一样粗细的字体。

当然，细细读一下卷首没有编印页码的张爱玲《有几句话同读者说》，这则类似编后记的短文结尾时明确写道："现在我把这篇《中国的日夜》放在这里当作跋……"这句话前还有说《中国的日夜》写作的本意是"原想解释一下，写到后来也成了一篇独立的散文"。序文和跋文，一般都是散文体式的，张爱玲并没有标新立异。

作为《传奇》增订本后记的跋体散文《中国的日夜》，是对作者自己无意间写的两首诗《落叶的爱》和《中国的日夜》的"解释"文字。

张爱玲在《传奇》增订本序《有几句话同读者说》中写道："我不会做诗的，去年冬天却做了两首，自己很喜欢，又怕人家看了说'不知所云'；原想解释一下，写到后来也成了一篇独立的散文。"这后一句，刚才已经引录过了。

想弄清《文学百科大辞典》第四百六十七页的张爱玲《传奇》条目中"又收入新作六篇"的更原始的根源，原来是源于"权威"出版机构的白纸黑字！

列入"中国现代文学作品原本选印"丛书的新

排张爱玲《传奇》，一九八六年二月由北京的权威出版机构人民文学出版社公开印行，第一版第一次就印了三万四千七百册。在这个新排的印本版权页上方有一条版本说明文字，其中就有："一九四六年十一月上海山河图书公司出增订本时又收入新作六篇。"这个误说在一九九九年十月人民文学出版社印行的《百年百种优秀中国文学图书》第九十六页再次重复为"补收作品六篇"。

而把《传奇》增订本本来只收入张爱玲小说十五篇，误说成"十六篇小说"的还有一九八五年八月上海书店影印的《传奇》增订本脱离式护封的《复印说明》，它是这样"说明"《传奇》增订本的："本书是张爱玲的短篇小说集，收有一九四三至一九四五年间创作的小说十六篇。据山河图书公司一九四六年一月增订本初版影印。"

人民文学出版社一九八六年二月印行的《中国现代文学作品原本选印》系列中的《传奇》照理是负有规范性整理该书目录等任务的，但也缺失了这一工作。

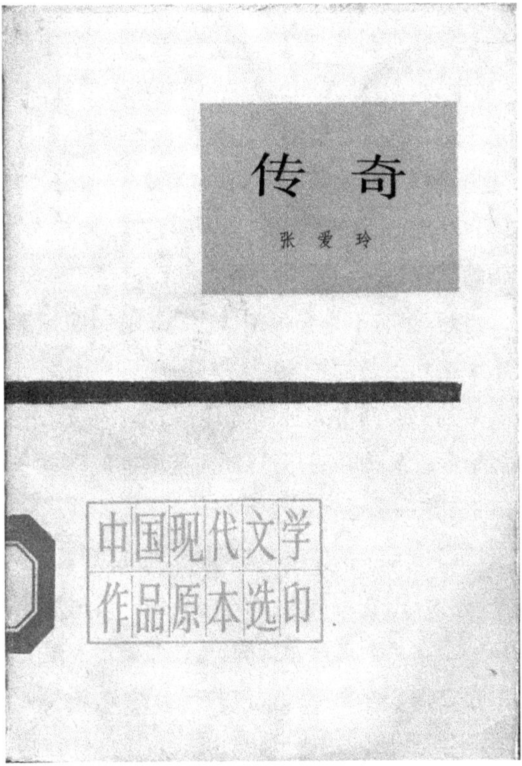

人民文学出版社"中国现代文学作品原本选印"丛书之张爱玲《传奇》封面

如果有机会再度印行《传奇》这部小说集，可以这样在编排上排序：首先是《传奇》初版本作品篇目，共十篇；其次，是《传奇》增订本补入的五篇；最后来一个“附录”，把张爱玲为《传奇》写的三则序跋分别重新标题为《〈传奇〉再版的话》、《〈传奇〉增订本序：有几句话同读者说》以及《〈传奇〉增订本跋：中国的日夜》。

当然，也有不是为了赚钱而匆忙赶写旧籍重印版本说明和不是为了急着出“科研成果”而瞎编词条文字的正经读书人把张爱玲《传奇》的版本交代得清楚而又准确，与张爱玲同时代的前辈作家李君维就是其中一个。

二〇〇五年秋冬季节，李君维在北京写了一则短文，题为《张爱玲读者言》，收录在上海书店出版社二〇〇八年十二月印行的《重读张爱玲》一书中，为压卷之作。李文把《传奇》的有关史实，说得一清二楚，不妨摘要转述如下。

上个世纪四十年代初，张爱玲初露风貌于

文坛不久，平襟亚主事的中央书店有意为张爱玲出版小说集。张爱玲征求柯灵的意见，柯灵认为中央书店出书质量低劣，并给张爱玲看了一份中央书店已出的图书目录，建议不必急于求成。但急着“出名要趁早”的张爱玲匆匆把小说集《传奇》交给上海杂志出版社问世了。见书后，柯灵后悔，觉得倒不如交给中央书店印。

抗战胜利后，张爱玲的声名一落千丈，但还有她的读者。唐大郎和龚之方经营的上海山河出版社这时印行了增订本《传奇》，从内文到封面、装帧和校对等方面都颇为认真讲究。增订本《传奇》的篇幅从一九四四年初版本的十篇小说增补到十五篇，增补的五篇为《留情》、《鸿鸾禧》、《红玫瑰与白玫瑰》、《等》和《桂花蒸　阿小悲秋》。几乎囊括了张爱玲一九四五年前的全部小说。增订本《传奇》的封面选用清末仕女消闲图的年画，右上角突兀地冒出张爱玲的亲笔速写，为张爱玲和炎樱共同创意设计。书名和作者名由书法家粪翁即邓散木的手笔题写。

读了以上的李君维的文章摘抄，对张爱玲增订本《传奇》的史实，应该是大体都知道了。需要略加补充的是，增补的五篇小说排在该增订本正文的前面，在序言《有几句话同读者说》之后。

谢冰莹《一个女兵的自传》续集

中国现代文学名著之一《一个女兵的自传》一九三六年六月由上海良友图书印刷公司正式出版时，其作者谢冰莹于《写在前面》的序言中说，这仅仅是"不得已"无法解除出书合约时"只好匆忙地完成了自传的上部"而写成的书，而且还在这序言里透露出"过些时"会"详细地写出来的"续作部分最为精彩的开头部分之逃婚情节，即《第四次逃奔》。

十年之后，谢冰莹兑现了上述预约：《一个女兵的自传》续集与读者见面了！但是这个续集最初的书名究竟是什么、在哪里以什么名义印出的等等基本问题，在多种相关工具书上大多介绍得不太明确。

书目文献出版社一九九二年十一月印行的《民国时期总书目》含有"中国文学"的分册是这样登录的，见第10782条：

女兵十年　谢冰莹著

① 重庆　红蓝出版社　1946年4月汉口初版，1946年8月北平再版 227页 32开

② 上海　北新书局　1947年1月新版 227页　有图　32开（文艺新刊）

本书是《一个女兵的自传》的续篇，书前有著者序。

这里的登录是有关专业目录著作最为详尽的了，像一九九三年十二月福建教育出版社印行的《中国现代文学总书目》的登记的"女兵十年　谢冰莹著。1946年4月在汉口出版自刊本，据重庆红蓝出版社北平分社1946年8月再版"和"女兵十年　谢冰莹著。文艺新刊。上海北新书局1947年1月出版"就有点儿让人不知所云了。

有幸见到一本上述谢冰莹《一个女兵的自传》续集"自刊本"实物，虽略有残缺，但还可以证实一些相关重要问题的。

如图，这个"自刊本"《一个女兵的自传》续集的

“汉口自刊本”谢冰莹《一个女兵的自传》中卷封面

书名不是所见过的此类工具书上登录的“《女兵十年》”，而是“《一个女兵的自传》中卷”，幸存的该书封面和扉页都是完全一致的表述。所有提及这个“汉口自刊本”的文字，都不说明以何种名义“自刊”，当然是没有见到实物的原因。这一回见到实物了，扉页上明明白白地印着“友益出版社印行”。

至于这个“汉口自刊本”的印行时间，所见实物“《一个女兵的自传》中卷”上找不到，弄不清是本来就没有版权页还是这一册就偏偏遗失了版权页。估计，应该是本来就没有版权页。

关于作者的“汉口自刊本”《一个女兵的自传》中卷的印行时间，在谢冰莹仍题为《写在前面》的序言中，有两次提示。

一次是：“《一个女兵的自传》上卷出版到今年恰恰十年了！”谢冰莹《一个女兵的自传》一九三六年七月由上海良友图书印刷公司出版，十年后当然就是一九四六年，但月份无法确定。

还有一次提示是“母亲逝世十年了”，谢冰莹的母亲一九三六年夏病逝，也只得到一个概数。而且，“中卷”内《母亲的死》一节开始不久就说“母亲在二十五年的冬天，曾经中风过一次”，按接下来的描写，母亲应死于第二个年头“二十六年”即一九三七年，这又对不上“十年”的两次述说了。

好在作者“汉口自刊本”《一个女兵的自传》中卷肯定应该不会只存留下来我见到的这一本略有

残缺的，这则小文刊布后会有高明者进一步据完整实物版本予以补订。我想略为推测一下谢冰莹这本《一个女兵的自传》续集的印行情况。

作者的“汉口自刊本”，当然应该是最先印行，接下来再前后分别把纸型售给“红蓝出版社”和“北新书局”。既然页码一致，连正误表都没有改动，说明先后卖给两家出版社的纸型都是“汉口自刊本”原纸型的复制件。

谢冰莹在《一个女兵的自传》中卷《写在前面》最末一段全文为：“自己出书，这在我有生以来还是第一次，承朋友们在精神上和物质上热烈的帮助，我在此一并致谢。”有了这一段文字，作者的“汉口自刊本”标出的“友益出版社”这个虚拟的名义上的出版机构，可以说得到了准确的解释，是“友情带来了作者得到的利益”，“友益”也许就是“友谊”的谐音符号。

但是，发行一本书，还想成功发行，即收回所有卖掉了书的书款，不是容易的事！哪怕想得很美的《一个女兵的自传》印行了几十版，其续集“中卷”搭顺风车肯定也能够畅销，谢冰莹的实施结果残酷地证明那仍然只是理念上的。

果然，最终不得已，作者还是更换了书名先后交由两家专业出版机构印行。改换作品的书名为《女兵十年》，当然不会出于作者自愿，而是出版机构的决定。据作者后来回忆，她虽然果决地售出了版权，而且是售给了两家，也总共仅仅得到了一百美元的稿费。

何其芳“文生”版《夜歌》的出版月份

手头的一本何其芳的诗集《夜歌》，由社址在上海的文化生活出版社印行。这部“文生”版《夜歌》，应该算作何其芳“第二个诗集”的增订本。增订前的原本《夜歌》，是社址在重庆的诗文学社一九四五年五月出版的。不知什么原因，在这本“文生”版《夜歌》的卷首卷尾，都找不到版权页，当然也就无法判断该书的准确出版时间。

所有关于这个“文生”版《夜歌》出版时间的“权威”登记，比如作为大型国家学术工程由国家投入资金请大学教学人员或社科院部门的专职科研人员集体操持的“中国当代文学研究资料”之一《何其芳研究专集》，以及由国家大型图书馆有关人员编制的书目专门工具书，都只写着“一九五〇年”由文化生活出版社印行。这是何其芳自己一九五一年十二月二日夜为《夜歌和白天的歌》所写《重印题记》

第一个自然段中说的“这个诗集……一九五〇年又由文化生活出版社在上海印过第二版”，成了“文生”版《夜歌》出版时间的“定论”。连二〇〇〇年五月由河北人民出版社印行的八卷本《何其芳全集》第一卷在暗码第三百二十四页上介绍《夜歌》版本时仍沿用“一九五〇年由文化生活出版社再版”的说法。

一年有十二个月，对于一部文学经典作品的出版来说，这个具体的问世月份并不是一件弄不弄明白都可以的问题；有些时候，这个小小的出书具体月份问题还显得格外重要。

现在已知的“文生”版《夜歌》出版于“一九五〇年”，应该不会错。因为，“文生”版《夜歌》末尾有一篇《后记二》，为“一九四六年十二月十五日在重庆编后附记”，就是最早写出的初稿。过了将近三年，何其芳“一九四九年七月十四日在北平略加修改”。或许何其芳对“文生”版《夜歌》的《后记二》“略加修改”的时间，就是他看这本诗集清样的时间。看清样之后交到出版社审查，再由印刷厂改正补充，是要一段时间的。

这样，我们就可以得知，“文生”版《夜歌》的出版年月应该不会早于一九四九年七月，该是一九四九年八月之后。

何其芳的“文生”版《夜歌》出版年月最迟应该不迟于一九五〇年的哪一个月呢？

有了相关的一手文献材料参照，就可以推定下来了。

二〇〇八年四月由大象出版社印行的《写给巴金》和二〇〇九年六月由文化艺术出版社出版的《中国现代文学馆馆藏珍品大系·信函卷》第一辑分别全文披露了何其芳写给巴金的几封书信，其中就有说及“文生”版《夜歌》出书事宜的内容。

收到巴金自上海邮寄到北京的书信和“文生”版《夜歌》新出样书之后，一九五〇年二月八日何其芳给巴金回信，称呼抬头之后紧接着就是：“一月六日信和《夜歌》十二册早收到。”这封复信的中间又提了一个要求：“寄来的十二册还不够送人……如方便，烦告诉书店再寄五册来就够了。”

不到一个月，一九五〇年三月二日，何其芳给巴金的再一次回信，称呼抬头之后紧接着的就是“出版社补寄来的《夜歌》五本收到了”。

已经很清楚了，“文生”版《夜歌》的作者样书十二册是一九五〇年一月六日由巴金亲手打包从上海寄往北京作者居住处的。当年的图书出版时间都不太拖延，像巴金这样长期主持编辑出版的行家，对老朋友、老乡的著述更上心，他一九五〇年一月六日写信，寄《夜歌》给何其芳，该是刚见样书。

如此一来，以后再提到何其芳的“文生”版《夜歌》具体出书时间，就不要再用含混模糊的“一九五〇年”了，可以明说是“一九五〇年一月”在上海出版的。

艾青写给巴金的一封短信也可以确证“文生”版《夜歌》出版于一九五〇年一月。

一九五〇年一月十二日，艾青复信写给巴金评点“文生”版《夜歌》的封面：“像《夜歌》的红色实在不好看。”可以肯定下来，给何其芳寄《夜歌》样书时，巴金同时也给艾青寄了一本，因为艾青的《大堰河》这时也要在文化生活出版社重印，巴金让艾青自题诗集书名。艾青是学过美术的，他主张封面上

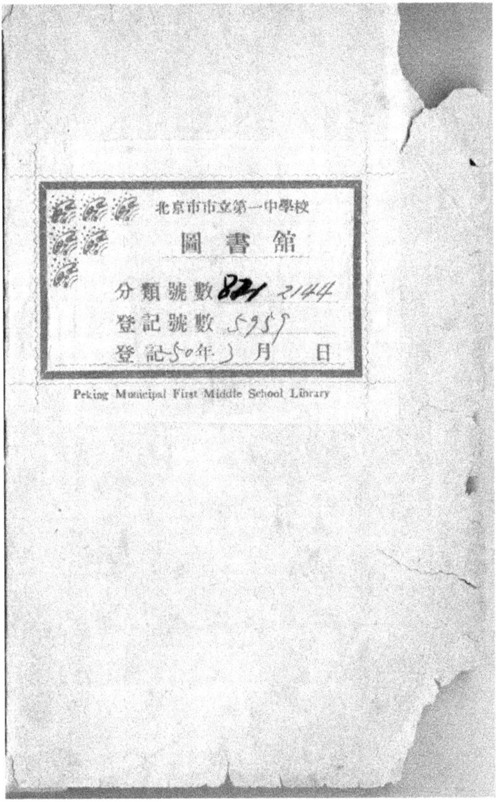

北京市市立第一中学校图书馆藏何其芳《夜歌》登记卡片

北京市市立第一中学校图书馆藏何其芳《夜歌》封面

的书名字用别的颜色，不要像何其芳的《夜歌》用红色。我手头的这本“文生”版《夜歌》，封面上书名正是红色的字。

手头使用着的这本《夜歌》，是一本高价拍买而得的公家剔旧图书，原藏者为“北京市市立第一中学校”图书馆。可喜的是，粘贴在这书前扉页背面的小小的红字登记卡片最后一项是入馆登记的时间，水笔写下的阿拉伯数字是一九五〇年三月。这可作为“文生”版《夜歌》出版月份的铁证之一，即说明这部诗集的出版时间应该在这一年的二月之前，因为还有图书入库登记前的从上海发货至北京再分发到北京市具体书店这个运转交接的过程所需的不少于一个月的时间。

自然，从何其芳和艾青的当时书信中得知的一九五〇年一月，正是可以落实下来的“文生”版《夜歌》出版的准确年份和月份。

刘盛亚《再生记》讨论会上艾芜的发言

成都的张致强在一九九八年一月十日“深夜”，写了一篇副标题为“艾芜逝世五周年祭”的文章《艾芜垂暮为何落泪》，发表在一九九八年第二期《新文学史料》上。张致强此文三千字的篇幅，其主要实质内容只“回忆”了一件事，就是二十世纪五十年代初艾芜于刘盛亚《再生记》讨论会上的发言。张致强是相当认真谨慎的学者，他以“张自强”的名字一九九二年四月在四川文艺出版社公开印行的《鲁迅先生诗疏证》，就体现了其实证考索功底和务实学风。但写作《艾芜垂暮为何落泪——艾芜逝世五周年祭》这篇文章时，张致强没有找出相关的史料原件作依据，仅仅凭七八年之前泛览的粗浅印象“回忆”着大胆成文，写到的事情与真实的史况几乎完全错了位。

为了方便述说，先摘要撮录张致强文章中涉及

《再生记》的部分。

“一九九一年夏我在成都的旧书摊上‘淘’到一本载有《再生记》的小册子，无意间发现小册子里有艾老的一个讲话”，“我从那本小册子上知道艾老曾以重庆市文联主席的身份主持过关于《再生记》的座谈会”，《再生记》“这部中篇小说在重庆《新民报》上连载时便受到严厉批评，指责它‘美化敌人’，报上发表了好些批判文章，重庆市文联也召开了一个座谈会，重庆市文化局将有关资料汇编成小册子印行，书名大概是《关于批判反动小说〈再生记〉资料汇编》”，“小册子辑录了座谈会上的发言，从那些至今依然不见名望的文学工作者、文学爱好者，到当时已颇负盛名的革命作家，几乎无不众口一词、异口同声地指责《再生记》‘美化敌人’、‘反动’，火药味浓浓的，置刘盛亚于敌人位置。我惊奇地发现座谈会的主持人、重庆市文联主席艾芜在开场白里却轻描淡写，仅仅说小说存在错误，说作者本意想歌颂革命，却没有歌颂好，希望大家帮助作者找出原因，引为教训。艾老与人为善、治病救人的态度，与当时的政治气氛简直不太和谐，然而却又是何等的难能可贵！”，“历史早已证明艾老的态度是正确的！”

张致强文章末尾一段头一句是：“今天，征得艾老哲嗣继湘和儿媳王沙同志意见，我终于大胆地将这件事写出来。”有了这个说明，该文的分量就大不一般了。其实，通读全文，张致强所“忆”所写都没有损毁艾芜的形象，包括他写到“那天下午，当我向艾老讲起这本小册子时，艾老的脸色却阴沉了，愈来愈阴沉，脸上显现出非常痛苦的神色”，乃至稍后的“近于悲怆”和“艾老再也控制不住，两眼涌出了泪珠，泪水顺着脸颊缓缓地往下流……”之类的文字，都是正面赞颂。

艾芜有关《再生记》的这一次发言，已经登录在一九八六年十二月四川文艺出版社印行的《艾芜研究专集》的《艾芜著作系年》中，为“在重庆市文联召开的讨论刘盛亚的小说《再生记》的会上的发言，《新华日报》(重庆)一九五一年七月十五日”。就是说，艾芜这一次发言不是“绝密”材料。为避免转述失真，下面把艾芜的发言转录并附所依据的清晰可辨的史料文字图片原件，转录的文字仅仅把一整段的原文按照意思分作几个自然段，以便于阅读。

我想到这末一个问题，像《再生记》这样的题材，可不可以选来写作？

很显然的，目前只有两个阵营，一个是人民的，另一个是反人民的。中国大陆解放以后，除了抗美援朝而外，最尖锐的斗争就是镇压反人民的特务。特务完全是敌人，而且是敌人阵营里面，最残酷最毒辣的。特务不可能有人性，有人性，他就不会做特务。

今天人民阵营里面，有不少可爱可敬的人物，有不少可歌可泣的事件，我们文艺工作者如果是真心为人民服务的，那我们作品中的主要人物，就该向人民阵营去选才对。如果从敌人阵营里去找最凶恶的敌人来做作品中的主要人物，一个为人民服务的作者，是不愿意去做的。我们要知道法西斯匪徒向来就是要显示他们的厉害的。杜鲁门就在鼓吹他的原子弹如何厉害，自吹自擂地拿来吓人。作者只拿最凶恶的敌人做作品中的主要人物，目的想在暴露敌人的凶恶，而事实上则刚好堕入敌人所布的宣传网内，替敌人做了工作。特务最凶恶的一种布置，便是用所谓美丽的女人，来做特务的工作，使人堕入色情的陷阱中，受了害还不易知道。刘盛亚的《再生记》，不仅用凶恶的敌人做主要人物，宣传了敌人反革命的手段厉害，而且还依据特务的色情布置，布置在作品中，用来诱惑读者。

作者不是有意要这样做的，而是他这样做了，还没有自知之明。他可能有些庸俗的想法，女人而又女特务，是会引起读者的注意的。恐怕自己也很感兴趣。听说别人曾劝他不必写这个题材，他没有采纳这个忠告。显然作者是太喜欢这个题材了，反过来说，作者是拿跟这个有害的题材俘虏了。再说明一点，就是拿跟特务所布置的女特务俘虏了。

艾 蕪： 我想到這末一個問題，像「再生記」這樣的題材，可不可以選來寫作？很顯然的，目前只有兩個陣營，一個是人民的，另一個是反人民的。中國大陸解放以後，除了抗美援朝而外，最尖銳的鬥爭就是鎮壓反人民的特務。特務完全是敵人，而且是敵人陣營裏面，最殘酷最毒辣的。特務不可能有人性，有人性，他就不會做特務。今天人民陣營裏面，有不少可愛可敬的人物，有不少可歌可泣的事件，我們文藝工作者如果是真心爲人民服務的，那我們作品中的主要人物，就該向人民陣營去選才對。如果從敵人陣營裏去找最兇惡的敵人來做作品中的主要人物，一個爲人民服務的作者，是不願意去做的。我們要知道法西斯匪徒向來就是要顯示他們的厲害的。杜勒斯就在鼓吹他的原子彈如何厲害，自吹自擂地拿來嚇人。作者只拿最兇惡的敵人做作品中的主要人物，目的想在暴露敵人的兇惡，而事實上剛剛好墮入敵人所佈的宣傳網內，替敵人做了工作。特務最兇惡的一種佈置，便是用所謂美麗的女人，來做特務的工作，使人墮入色情的陷阱中，受了害還不易知道。劉盛亞的「再生記」，不僅用兇惡的敵人做主要人物，宣傳了敵人反革命的手段厲害，而且還依據特務的色情佈置，佈置在作品中，用來誘惑讀者。作者不是有意要這樣做的，而是他這樣做了，還沒有自知之明。他可能有些庸俗的想法，女人而又女特務，是會引起讀者的注意的。恐怕自己也很感興趣。聽說別人曾勸他不必寫這個題材，他沒有採納這個忠告。顯然作者是太喜歡這個題材了，反過來說，作者身拿跟這個有害的題材俘虜了。再說明白一點，就是拿跟特務所佈置的女特務俘虜了。依照普通的心理原則，凡人對於所感興味的人物，總喜歡加以美化，在他身上加添一些東西。作者在「再生記」裏面，寫一個將做特務的女子，就照自己的意思，加以美化，明明家破人亡，逃難在外，應該是臉色憔悴的，卻寫成「容光照人」，這一方面，可以看出作者對女特務，如何感到興趣，故意加以美化，另一方面，也可看出，作者是如何地設法要引起讀者的興趣。這是不可原諒的。作者敢於採取這樣有害的題材，恐怕他以爲這是在暴露特務的兇惡。關於這一點，在前面業已講明，那結果就會成爲替特務宣傳反革命手段的厲害。最奇怪的，作者竟把這個作許多惡事拉有血債的女特務，加以原諒，且讓她「再生」，成爲好人，作者這樣不忍叫她去受應有裁判，偏偏要替她做義務律師，難道就因爲她是「容光照人」，令作者目眩了麼？這可以看出作者平素缺少革命理論的學習，政治水平沒有提高，致使在作品的表現上，完全做了特務的俘虜。因此我們可以肯定地說，「再生記」是反人民的，有害的。

《反对〈再生记〉》转载的艾芜发言

依据普通的心理原则，凡人对于所感兴味的人物，总喜欢加以美化，在他身上加添一些东西。作者在《再生记》里面，写一个将做特务的女子，就照自己的意思，加以美化，明明家破人亡，逃难在外，应该是脸色憔悴的，却写成"容光照人"，这一方面，可以看出作者对女特务，如何感到兴趣，故意加以美化，另一方面，也可看出，作者是如何地设法要引起读者的兴趣。这是不可原谅的。

作者敢于采取这样有害的题材，恐怕他以为这是在暴露特务的凶恶。关于这一点，在前面业已讲明，那结果就会成为替特务宣传反革命手段的厉害。

最奇怪的，作者竟把这个作许多恶事拉有血债的女特务，加以原谅，且听她"再生"，成为好人，作者这样不忍叫她去受应有裁判，偏偏要替她做义务律师，难道就因为她是"容光照人"，令作者目眩了么？这可以看出作者平素缺少革命理论的学习，政治水平没有提高，致使在作品的表现上，完全做了特务的俘虏。

因此我们可以肯定地说，《再生记》是反人民的，有害的。

对比着张致强凭记忆转述的艾芜发言，细读艾芜在这次讨论会上关于刘盛亚《再生记》的现场发言记录，他究竟说了些什么，就不必再费口舌虚掷篇幅了。

张致强的文章对一些史实细节如“小册子”的编印单位、如事涉艾芜职务等方面的介绍，也有不确切的，逐一订正如下。

参加这次座谈会的人，张致强的文章说其中有“至今依然不见名望的文学工作者、文学爱好者”，其实不是的。参加座谈的二十三个人，当时几乎都是有行政名声或者有文学地位的人。就文学地位来说，多数与会者是在二十世纪四十年代已经有了文学成就的人。艾芜夫人蕾嘉是左联诗人，曾克是延安来的散文家，张友松是翻译家，柯岗是诗人，殷白是评论家，邹绛是翻译家兼评论家还是大学教师，王觉是小说家，就连担任记录的林彦在民国时期也是发表过不少诗歌和散文的颇有名气的作家了。沙汀的夫人黄玉颀也参加了座谈会，和艾芜的夫人蕾嘉一样，也没有公开她的发言。

刘盛亚《再生记》讨论会举行的时候，艾芜不是“以重庆市文联主席的身份主持”的，他只是二十三个会议参加者之一，主席是另外的一个人，记录稿上没有写“主席”是谁。

发言的，除“主席”在开始和结束的讲话外，只有十二个人发言，艾芜是第八个，他的发言记录有一千字，是说得比较多的一个人。

“载有《再生记》的小册子”，书名不是《关于批判反动小说〈再生记〉资料汇编》，而是《反对〈再生记〉》。这“小册子”不是“重庆市文化局”印行的，而是一九五一年八月由重庆市文学艺术界联合会编印的。“小册子”前面七十八页是“反对《再生记》”的文字结集，第一篇就是《〈再生记〉讨论会纪要》，这个记录由林彦和野谷担任。除了《〈再生记〉讨论会纪要》，还有报刊上发表的批评《再生记》的相关文章，也有一些普通读者来信。后面九十四页另外从头开始编页码，是刘盛亚的《再生记》全文。从《编者的话》中得知，刘盛亚的《再生记》只在《新民报》上发表了大半部分，为了提供整部作品的全部文字以供批判，后面的小半部分是“完全照录原文”即手稿原文逐字补充排印成完本的。

这本《反对〈再生记〉》是用新闻纸印的，六十多年后的今天已经泛黄变脆了，说是“珍本”也不过分，至少其中保存了艾芜的千字发言记录就是“珍本”的体现。否则任凭张致强这样的“回忆”文章来进行错位的转述，再被权威的学术史料专业刊物世代流传，而且声言在专业刊物发表之前还得到艾芜家属的亲自认可，假如“小册子”不再存世而又不去费力查阅一九五一年七月十五日的重庆《新华日报》上的原载文字，这错位的转述就要被同时代和后来的缺乏实证精神的人用作“史料”，其后果是不堪设想的。还有就是，这本小册子保存下来刘盛亚一部作品而且是一部长篇小说的全部文字，功莫大焉。

艾芜的一天记事兼说《人民文学(专页)》

由北京出版社一九五九年十月出版的艾芜“论文集”《浪花集》收入了一篇题为《全力支持阿拉伯人民的正义斗争》仅五百字的短文,文章写道:“今天我放下了笔,走上北京的街头,参加游行示威的行列……我们首先集合在天安门前人民英雄纪念碑下,然后出发游行示威。”

对于编制详尽的《艾芜年谱》,这则五百字的短文上引的两句是艾芜一天记事的可靠内容。然而很可惜,《浪花集》所收此文的文后只有“1958 年 7 月”的年份和月份标示。详查当时的官方大报或专业刊物如《人民日报》或《文艺报》等,或许有具体哪一天举行艾芜写及的这次“游行示威”的;但手头不太方便,就去翻检四川文艺出版社一九八六年十二月印行的五十万字的《艾芜研究专集》,其中《艾芜著作系年(1931—1983)》的“一九五七年”项下有这样的登录：

> 全力支持阿拉伯人民的正义斗争(政论文)
>
> 《人民文学》,1958年第8期。
>
> 收入《浪花集》,北京人民出版社,1959年出版。

这儿的登录有不准确处,当年没有“北京人民出版社”,“人民”应删去。当然此处的登录仍有参考价值,它毕竟指出了该文发表的刊物,正巧刚从旧书地摊买回了一堆旧时的《人民文学》,找出了这一本。但在一九五八年第八期《人民文学》的目录上,却找不到艾芜的名字及其该文的篇目。一页一页地查看该期刊物正文,一百二十六页反复地仔细寻觅,也没有艾芜这篇文章的影子。直到把这期《人民文学》放回原处,才发现另有两张八开叠为十六开页四张的插页印品,编为八个页码,第一页上端两行横排大字标题为《阿拉伯兄弟我们支持你!

美英侵略者滚出中东去!》,第八页右半下方有这印品的名称,叫《人民文学(专页)》,下署“一九五八年八月号　八月八日出版”,与共一百二十六页的该期正刊同一天出版,“专页”目录也是完整地排印着:文章和诗共十件,绘画作品原创的和转载的各两件。艾芜这篇仅五百字的《全力支持阿拉伯人民的正义斗争》,就发表在“专页”的头条。让我们觉得珍贵的,是该文末尾有“1958 年 7 月 19 日北京”的字样,载录了一条史实,对于编制《艾芜年谱》可以据实写下这一天的艾芜记事了。

没有装订进一九五八年第八期《人民文学》正刊内的这份“专页”很容易丢失,因为它比正刊窄一些也短一点儿,是夹放在正刊中发行的。我没有全套的“文革”前的《人民文学》,不知道类似的“专页”还有多少。我见过当年成都的《星星》和《草地》都有这类插入的印品,现今看来全是容易被忽略和被弄散失的纸质出版物。专弄期刊收藏的人,尤其要尽力收全这类“专页”,否则你的藏品就是不完整的。

这份一九五八年八月八日出版的《人民文学（专页）》，除了艾芜《全力支持阿拉伯人民的正义斗争》之外，尚有六位知名作家的文学作品，分别是严文井的散文《我们来了》、郭小川的诗《正当山青水绿花开时》、杜鹏程散文《用铁拳对付野兽》、王亚凡的诗《支持·抗议·真理》、楼适夷的诗《伊拉克，谁敢碰你一碰（外一首）》以及杜埃的诗《保卫伊拉克》。

郭小川的《正当山青水绿花开时》是一首长达近一百二十行的马雅可夫斯基式的抒情诗，“楼梯”式错落排列，气势浩荡。郭小川一九五八年七月日记中有关于这诗写作和修改情况载录：十九日“晚上，开始写《正当山青水绿花开时》，只写了几行”，二十日“上午，在极热的天气下，写了《正当山青水绿花开时》，自己很满意”；二十二日“晚上，看书。改了《正当山青水绿花开时》，十二时睡”。二〇〇〇年一月广西师范大学出版社印行的十卷本《郭小川全集》第一卷收有这首抒情长诗，注明“首刊于《人民文学》1958 年第 8 期”，跟《艾芜研究专集》的有关登录犯了一样的错误，应该订正为“首刊于一九五八年八月八日出版的随该年八月号《人民文学》正刊发行的《人民文学(专页)》”。

人民文学（专页）

目录　　一九五八年八月号　八月八日出版

一九五八年八月八日《人民文学(专页)》封面

王亚凡的三首民歌体短诗组成的《支持·抗议·真理》，在郭小川的日记中也有记载。在一九五八年七月二十四日的日记中，郭小川记录的他晚上“九时多回来”又出去“吃了冰激凌”再回家，接待舒群之后到“十一时”之前便是“亚凡来，改了他的诗”的载录。推算起来，郭小川“改了”的王亚凡的“诗”只可能就是《支持·抗议·真理》。

楼适夷的诗《伊拉克，谁敢碰你一碰（外一首）》的“外一首”是《滚出去，强盗！》，两诗均写于一九五八年七月。二〇〇五年五月人民文学出版社印行的《楼适夷同志纪念集》中由楼适夷遗孀黄炜编制的《楼适夷译简表》在“一九五八年”项下载有：“《伊拉克，谁敢碰你一碰》（诗）楼适夷作载8月8日《人民文学》8月号诗专集。”这处记载表明楼适夷家中也没有保存这份只有八页的《人民文学（专页）》，导致该条内容漏掉“（外一首）”和误“专页”为“诗专集”。

再返回艾芜五百字短文中描写的从天安门出发的“游行示威”，这虽然是准确的一天的记事，但具体“游行示威”的时间是上午呢还是下午？据艾芜写着的“七月的阳光，热辣辣地照在北京的街头”来看，该是上午九点十点钟的光景，郭小川的日记在这一天只记载了“晚饭后”的事，推想他同艾芜们一道整个白天参加了“游行示威”。甚至可以说，为这期《人民文学（专页）》供稿的作者全都是这次“游行示威”的参加者。

仍是郭小川日记中的载录：一九五八年七月十七日上午“接到报，中央决定今下午开群众大会，支援黎巴嫩和伊拉克。与光年商量一下，组织一些作家写文章，他不大同意”。这里的记录，表明了作为当时中国作家协会秘书长的郭小川，就是这一期《人民文学（专页）》的发起者和组织者。应该是在这年的七月十九日全天“游行示威”活动中，口头约稿，积极响应者很快交来稿件，具体主事者赶紧把可以用的稿件编好了送到印刷厂排字，作为随一九五八年八月号《人民文学》正刊同时发行的“专页”夹放其中一并公开出版。正因为是夹放于正刊中的散页，不容易被保存下来，造成了有关史料登录的失误。

艾芜等十二人“座谈”周扬文章在哪一天？

中国大陆地区在一九五七年下半年和一九五八年上半年，围绕周扬这个被视为新中国成立后近二十年内的“文艺沙皇”和中国共产党文艺阵营内的“日丹诺夫”，由他出面有一串专门针对丁玲、冯雪峰等人连续的重要文艺活动，最好能准确地载录史册，因为在当时及至过后几十年内都是撼动“文学史”的事件。

一九五七年九月十六日在作协党组扩大会议上周扬继陆定一之后“作重要讲话”，这一次“重要讲话”的具体内容先在一九五七年九月二十八日《人民日报》以《努力把自己改造成无产阶级的文化工人》为题的全文中有摘要报道。紧接着又用《文艺界对丁陈反党集团的斗争获得重大胜利　陆定一、周扬在作协党组扩大会议上作重要讲话》为题在一九五七年九月二十九日发行的周刊《文艺报》本年第二十五期头三个整版予以重载。周扬的“重要讲话”近六千字，几乎占了八开本的一个整版。

一九五八年三月十一日半月刊《文艺报》在该年第五期，用前面整整十六开本十三个页码的篇幅发表根据去年九月十六日周扬上述“重要讲话”稿修订后“写成”的文章，共二万五千字，正标题改为《文艺战线上的一场大辩论》，标题下括注“根据1957年9月16日在中共中国作家协会党组扩大会议上的讲话整理、补充并和文艺界的一些同志交换了意见之后写成”。这个修订后“写成”的文章，同年二月二十八日《人民日报》全文发表，还随即印成《活页文选》新三十一号广为散发。其实，《人民日报》和《文艺报》是差不多同时排印此根据“重要讲话”稿修订而“写成”的文章，只不过《文艺报》是半月刊杂志，印刷装订费时，不及日报的便捷及时。

为了更具气势更大规模地掀起名为“一场大辩论”的运动，一九五八年三月二十六日出版的半月刊《文艺报》该年第六期在上一期全文发表了按周扬“重要讲话”“写成”的文章之后，紧接着又以十六开本的十八个页码近四万字篇幅发表了名为“座谈”的十二人的文稿。《文艺报》上这个“座谈”记录稿的正标题“为文学艺术大跃进扫清道路”采用了《文艺报》主编张光年在“座谈”中发言开始说的一句话，副题为“座谈周扬同志的文章《文艺战线上的一场大辩论》”，刊物封面还印出了参加“座谈”的十二个人，都是名家，分别为郑振铎、臧克家、陈荒煤、巴人、王瑶、袁水拍、艾芜、郭小川、严文井、林默涵、张光年和邵荃麟。

再过三个月，一九五八年六月作家出版社公开印行四个印张的小册子，书名为《文艺战线上的一场大辩论》，作者署名为“周扬等著”。这本小册子，除了周扬的长篇文章及其全部收入略经修订后的十二人“座谈”内容外，还增收署名“马铁丁”的《我们要做革新派——读〈文艺战线上的一场大辩论〉后记》。

注意到这实为一个事件的连续递进动作，投入的精力之大、花费的成本之高，可以讲都是史无前例的。

就是这样的文坛“大事”，比如十二个人以真名参加“座谈”的内容一次公开发表一次结集公开出版，并且参与“座谈”的好几个人都将此“座谈”文字编入自己当年的文集，该是何其重大的事！然而，多种文学史类的本该严谨的专著和这十二个人中已有的年表年谱中均找不出该次“座谈”是哪一天举行的。“一九五八年三月”是无疑的，所有的有关记载也仅限于这个年份月份，具体哪一天“座谈”，还没有被深究过。

三月份有三十一天，十二个文坛名人参与了已被证实确为具备文学史意义的对于一个在文坛呼风唤雨的要人的文章的“座谈”，以造出更大的声势，能不“弄清楚”这一次“座谈”的具体日子吗？当然应该“弄清楚”。

本来只想“弄清楚”艾芜一人具体的生平事迹才着手的，因为二〇一四年六月二十日就是艾芜诞辰一百一十周年，艾芜也去世二十多年了，想力所能及为他老人家做点儿小事，不料良性波及此外的十一个人。

这次“座谈”上艾芜的发言已被他编入一九五九年十月北京出版社印行的文集《浪花集》中，题为《读了〈文艺战线上的一场大辩论〉的感想》，在三十七篇文章中排序为第二篇，可见其重视程度。编入《浪花集》书中的艾芜这次“座谈”小有修订，仅仅限于更加规范的表述，内容没有动，篇末注明的写作即“座谈”时间为“一九五八年三月”。

张光年的发言也被他编入他一九五八年十月于作家出版社印行的个人文集《文艺辩论集》中，题曰《〈文艺战线上的一场大辩论〉读后感》，篇末年月日都没有注明。

在一九八八年三月书目文献出版社印行的陈福康编著的《郑振铎年谱》一九五八年三月十八日项下，有据郑振铎日记载录的记事“写《文艺工作者的红与专的道路》”。细读“座谈”会上首先“发言”的郑振铎的所“讲”内容，正巧就是谈“红与专”，非常扣题。可以定下来，这《文艺工作者的红与专的道路》就是郑振铎的“座谈”文字稿。

查山西古籍出版社二〇〇六年一月印行的《郑振铎日记全编》，一九五八年三月的日记中有两天的记载与上述周扬《文艺战线上的一场大辩论》的文章有关。十七日："下午，重读周扬同志《文艺战线上的一场大辩论》，为写一读后感作准备。"十八日："近七时起。八时半，到部办公。写《文艺工作者的红与专的道路》。十时许，回家抄写。正午，《文艺报》派人取去。"

这是可靠的现场记录，但也带来了要进一步"弄清楚"的问题，即这一次"座谈"是文稿聚汇还是十二个人到座谈现场发言？

从郑振铎的日记看，他没有来到"座谈"现场，是应约赶写了"读后感"由"《文艺报》派人取去"的。为什么一定得有郑振铎的发言？要等当年主持这次"座谈"的人的私密档案公开了，才可以彻底明白，没有必要揣测和假想。

郑振铎当时在文化部上班，周扬文章的"座谈"会在《文艺报》编辑部举行。应该是"座谈"的十一个人的发言都有了文字稿后，《文艺报》编辑部通知郑振铎务必赶写“读后感”作为首位发言刊布。

这一次“座谈”是实际举行了的，在郭小川、王瑶和严文井的发言中可以找到语言痕迹。

严文井在发言中说：“有很多问题旁的同志已经谈过了，在这里我只打算谈谈另外一两点感想。”严文井在现场的发言是第九个，他的说话正好就是“座谈”现场气氛的。

王瑶说“我只谈一点”，表明是听了别人的发言后即兴说出自己的感受的。在发表的“座谈”中，他是第五个发言。更为可信的是王瑶这位严谨的中国现代文学著名学者回到家中，就把这一天的开会的事记到了日记中，虽然没有点明是上午还是下午。王瑶去世后，他的夫人和他的弟子根据他留下的日记整理出的年谱，在一九五八年三月十五日的项下，明确写着：“出席讨论周扬的《文艺战线上的一场大辩论》的座谈会，作了发言。”

然而，这次“座谈”的具体时间仅仅是一个上午还是一个下午，抑或整整一全天呢？又是要“弄清楚”的问题。

在二〇〇〇年一月由广西师范大学出版社印行的十二卷本《郭小川全集》中，有三卷即第八、第九和第十卷是郭小川的日记，时间起讫为一九四四年到一九七六年。一九五八年三月十五日，郭小川在日记中写道：“星期六。上午在家准备了一个下午会议的意见。……（下午）二时开会，讨论周扬文章。”这是当天的现场记录，尤其是“下午会议”和“二时”的明白准确的“座谈”具体时间，相当重要。

知道了这一次准确的“座谈”的具体时间，再回头去查阅郑振铎日记。郑振铎在一九五八年三月十五日的日记中写道：“八时半，到部办公。十时，到文学研究所看大字报。默存夫妇即留午餐。下午一时半，回。午睡。在家整理重印古籍的文学书目。……夜，九时半，睡。”其中的“默存夫妇”，就是钱锺书和杨绛。整天的日记，没有出席“座谈”的记录，证实郑振铎的确是没有到现场去参加这次“座谈”的。

郭小川的日记在“座谈”第二天即三月十六日

还有中午“回家来，吃点饭，即写讨论周扬同志文章的发言”的记载，也很重要，表明了昨天的“座谈”发言，是经过稍后的回忆重写了才交给《文艺报》发表的。

到此，这一次重要的“座谈”的时间和地点就可以明确地确定了下来。时间为一九五八年三月十五日下午，两点开始。地点很可能就是《文艺报》编辑部即北京王府井大街六十四号，因为其中有五人是这家刊物的编委而且还有主编，他们是张光年、陈荒煤、严文井、巴人和王瑶。

今后的类似编年大事记的著述，比如列入“国家社会科学基金项目”和“武汉大学人文社会科学重大攻关项目”二〇〇六年九月由湖南人民出版社印行的《中国文学编年史》的“当代卷”修订时，就该在一九五八年三月十五日这一天载录十二个人“座谈”周扬文章的大事。还有，本文写及的事件如一九五八年三月十一日半月刊《文艺报》在该年第五期用前面整整十六开本十三个页码的篇幅发表根据去年九月十六日周扬上述“重要讲话”稿修订后的“写成”文章，这种大事实在也不该漏登。

稍微动点儿考证的劳作，也就是多翻几册相关的书刊，便可以让历史活起来。

——历史，本来就是活的。

尚待完善的《艾芜全集》“书信”卷

艾芜诞辰一百一十周年之际，二〇一四年六月四川文艺出版社和成都时代出版社一次性地推出了皇皇十九大本的《艾芜全集》，分为带宽勒口脱离式护封硬精装本和平装本两种，都是十六开本，其中第十五卷为“书信”。这部四十八万字的《艾芜全集》“书信”卷，共收艾芜书信四百五十九封。以艾芜享寿高龄八十八岁、从事文学的生涯长达六十多年来看，这四百五十九封书信实在太少了！

从受信人的统计来看，仅仅是不足六十人！艾芜六七十年的文学生涯，与他有过书信来往的人远远超过这不足六十人的数量，六百人也会是一个最低数额吧！细读艾芜生前接收并保存下来的来信，包括一些被抽走了原信只剩信封的，他从一九七六年起也至少给一两百人每人不只一封地写过回信。

二十世纪八十年代前后，全国各地不少熟悉或陌生的中青年作家甚至一般的初学写作者，不少人都不断地寄他们自己的习作要艾芜提意见并请求艾芜亲手转交报章杂志发表，在有幸被保存下来的这类来信信封上都有艾芜清秀的诸如“稿交《四川文学》”或者稿子交给某一个具体编辑人员手中的批注，几乎都写了转稿的年月日，直接在来信信封上注明复过信的也相当多。

举两个现在还活跃在报刊界、文化界的给艾芜写信者伍松乔和张效民为例，来说说艾芜书信搜集工作不到位的问题吧。这两位手头都至少有十封甚至二三十封以上艾芜写给他们的书信，他们在二十世纪八十年代头几年和后来跟艾芜一家走动得相当勤。两位写给艾芜的书信，数量比较多，他们当年和如今也都从事或热爱着文学工作，艾芜写给他们的书信是不会被轻易丢弃的。但是，在《艾芜全集》第十五卷“书信”中只有致张效民的一封信，写给伍松乔的书信一封也没有。

设法与健在的受信人或其家属联系，以便搜

集到更多的艾芜书信，这个迫不及待的工作仅仅让艾芜遗属来做，注定是成效有限的！与之紧密联系的另一个搜集艾芜书信的途径，就是在过往的老旧书报刊等纸媒上寻觅已发表了的艾芜书信。这一个工作，不仅仅是辛苦琐细的，也要有相当知识储备的人来耐着性子肯花时间卖气力甚或金钱上倒赔再加上多方托关系方可有所收获。

二十世纪三十年代的艾芜书信，在《艾芜全集》第十五卷只有被鲁迅的文章全文引录过才保留下来的一封，其他年头都是空白。其实，艾芜结束“南行”的流浪生活到上海后，是他走上文学重要的起步阶段，这个时段他的书信很重要。查一下中国现代文学工作者和研究者几乎人手一套的上海文艺出版社已经出版了八辑即八本的《中国现代文艺资料丛刊》，在一九八一年四月印行的第六辑第二百二十六页上就有这个时段的一封信，是写给赵景深商谈书稿出版的，照录如下。

二〇一四年六月四川文艺出版社、成都时代出版社出版的《艾芜全集》书信卷封面

景深先生：

承赐文艺年鉴一册，业已收到，甚为感谢！

最近收集短篇小说十篇，约六七万字，文章虽都发表过，但并未收入另外集子。我想连版权一齐售出，不知贵书局愿不愿要？如何之处即希赐知，即祝

撰安！

艾芜　　五月三日

（通信处：蒲石路合大里三三七号王显葵转）

这是一封很重要的书信，所谈的书稿估计就是名著《南行记》或稍后的书稿，因为从赵景深送的书的出版时间来看，这封信可能写于一九三二年或者一九三三年，正是艾芜把《南行记》编好找出版处的时候。

艾芜二十世纪四十年代头两三年的书信，在《艾芜全集》第十五卷中一封也没有。利用快捷的检索，在网络上觅寻或去图书馆查阅老旧的书刊

报，就有可能再丰富一点儿。

一九四〇年六月二十五日在福建永安出版的《现代文艺》第一卷第三期第一百一十一页左下角就有一封加了细线方框的艾芜一九四〇年五月十五日仅仅隐去了受信人姓名的完整书信，题为《作家短简》，照录如下。

××兄：

来信收到。叫我写文章，得暇即当赶好送上，因我近来忙着写点较长的东西。

先前住在桂林城郊，因离城近，警报时必须躲避，往往花费时间。现在搬远了些，可以不躲，更可以多作东西。贵刊努力抗战文艺，自当多多效力。祝

好！

弟　艾芜　五月十五日

受信人“××”很容易就可查出来，他就是那个时段《现代文艺》的实际主持编务者王西彦，“××

兄”可据此史实恢复为“西彦兄”。艾芜信中允诺的“赶好送上”的“文章”也很快交到王西彦手头，就是短篇小说《意外》，发表于下一期。后来艾芜还有“文章”给王西彦邮寄“送上”，也都公开发表了。

也是在稍后的上述杂志《现代文艺》上，又有一封题为《我的近况》的艾芜书信，虽非全信，但已是主要内容都在的一封信。这封写于一九四〇年七月二十三日的艾芜书信发表于这年十月出刊的第二卷第一期《现代文艺》第四十三页上，已刊部分抄录如下。

> 我最近又搬家了，地方是原来的，只是从十号搬到二十六号，风景较为优美。先前门前窗外，望出去一片荒凉，迁去棺材的乱葬坟痕迹，尤使人不快。现在却换成一望的桐子树林，因为偕长得不高，仿佛江南的桑园一般。远景更不错，如画的群山，都历历在目。此地离城六七里，除了文协有事进城而外，多半的时间，都在使自己的生活，变成乡下人的一样。

这里桂林人的语言，都仝我们四川话差不多，听乡里人讲话，仿佛在故乡生活似的，这对于写作方面，真有不少的帮助。在福建同安的乡下，我曾住过四个月，一无所得，第一原因就是不懂他们的言语。

写着这时，正在警报期间，听见飞机响，便放下笔，跑进山洞。敌机一架，在上空出现两三次，因此笔也就停了好几下。目前警报尚未解除，不想再写下去了。

无疑，这封仅省去了书信开始的抬头和结尾的落款等的书信，也是写给王西彦的。有了这两封写给王西彦的书信，二十世纪四十年代头两三年的艾芜书信就不会再是空白了。这个时段还可以再补充一封艾芜书信，即在一份并非难找的当年重庆出版的《中苏文化》文艺特刊上，一组题为《中国作家致苏联人民书（选载）》的书信专辑九人中，第一个写给“苏联人民”的“中国作家”就是艾芜，他的这封书信，时间也有，为“一九四〇年八月八日”，照录如下。

最敬爱的苏联友人：

我是中国的一个文艺工作者。凡是你们有机会读到我这封信的，我都愿意这样热烈的称呼你们，我从许多事实上看来，明白你们肯同被压迫被侵略的民族做朋友。而且好些年来，你们就向我们中国伸出一只友谊的手。我从地图上，看见你们的国家，就是我们的隔壁邻居，简直感到一种莫大的快慰！至于你们的作家普希金，莱蒙托夫，果戈理，屠格涅夫，托尔斯泰，陀思杜也夫思基，契可甫，高尔基等人以及现存的诸位作家，则都对于我们文艺工作者，有着最深最大的影响。

现在我要告诉你们一件事，就是我们中国老百姓，在这三年的抗日战争期间，都已深切地认识你们是我们中国的友人了。虽然我国报纸上，并没有说过你们运多少飞机，送多少空军人员，借多少款子给我们，但每个人却把你们帮助我们抗日的宝贵消息，一人传十，十人传百，散播开去，同时一般老百姓，他们已知道谁在侵略我们，就自然要问，世界上偕有哪个国家在帮助我们，因此，你们的友谊，便像树根入泥土似的，生长在每个人的心里了。当千千万万的老百姓，看见你们义勇的空军人员，架着飞机出现在我们天空的时候，看见你们英勇的军事顾问，随着我们军队翻山越岭的时候，真是有说不出的欢欣和鼓舞啊！

现在我们抗战了三年，偕要拼命打下去。希望你们再尽量的帮助我们。我敢说，中国老百姓，头脑虽是简单，心地却很纯洁，恩怨看得异常分明，绝不会对仇敌，认贼作父，对友人，忘恩背义的。末了，谨致

最敬礼！

艾芜　一九四〇年八月八日

一下子就又多出了三封艾芜二十世纪四十年代启始的书信！就是说，如果有一支艾芜研究队伍

坚持广泛细致地在老旧的书报刊上寻寻觅觅，艾芜中青年时期的一些老旧书信肯定还可以再发掘出一些。

艾芜晚年的书信，因为大都分散在尚健在的受信人手中，尤其那些后来有了点儿大小名气的作家和有了点儿所谓“地位”的大小官员不想让人知道从前自己曾谦卑地向艾芜请教并得到了艾芜的教诲因而不愿交出艾芜写给自己的书信，当然就导致艾芜的一些写了邮寄出去的书信搜集起来有难度，但一些已经公开发表了的艾芜书信却没有收进来，我们就有理由指出这是《艾芜全集》编者和出版者的失职，仅举两例。

艾芜一九八六年十二月二十七日的日记第一段写道：“为小说序跋集写的序言，校阅了一通，也叫蕾嘉看过。今天上午用航空邮寄上海图书馆肖斌如收，是她约的稿，最近还来信催稿。”这儿艾芜写的“小说序跋集”，就是一九八八年八月由海南人民出版社印行的大三十二开硬精装的《中国现代文学序跋丛书》中的上下两厚册的“小说卷”，已见到了的还有这套丛书中的也是上下两厚册的“散文卷”。

萧斌如有一本《与文化名人同行》的文集，二〇〇二年七月由上海科学技术文献出版社公开印行，这书的最后一辑是各地“文化名人”写给作者萧斌如的书信，第九十页有一封完整的艾芜书信，就是上录艾芜日记写到的“用航空邮寄上海图书馆肖斌如收”的“为小说序跋集写的序言”时所附上的信，这封书信很短，全录如下。

斌如同志：

您好！

因为忙，现代小说序跋集的序言，现在才写好。现寄上一阅，可否使用，请斟酌为荷！不要勉强。如不合适，请加以大力修改。此致

敬礼！

艾芜

一九八六年十二月二十五日　成都

一九八七年五月二日北京《文艺报》专版《原上草》"作家书简"栏目有《艾芜同志的一封信》，艾芜的"一封信"写于同年二月五日，受信人"××同志"，参照艾芜日记就是《原上草》的编辑臧小平，她是著名诗人臧克家的女儿。这是一封实寄书信，就是对臧小平的来信所提出的一个敏感问题的直接答复，艾芜日记有明确记载。这封书信比较重要，是艾芜对鲁迅、郭沫若的比较研究；但这封已公开发表了的书信不仅未编入第四卷"文学创作谈"那一辑，也未收入第十五卷"书信"卷。

要是《艾芜全集》书信卷的编者是一个团队，各负其责，担任书信卷集稿任务的人又勤于查阅，已经公开发表而又未被《艾芜全集》书信卷收录的艾芜晚年十多二十年间写的书信还可以找出一些，这对于丰富艾芜的书信库存是大有益处的。

艾芜写给别人的书信向受信人征集到手了，或在老旧的书报刊和近几十年间出版物上发掘出来了，释文即辨识过录整封书信的文字和考证书信缺失了的写作年、月或日以及探究书信中涉及的一些

·作家书简·

艾芜同志的一封信

××同志：

您好！您来信说，郭老对《阿Q正传》的看法，有意气用事之处。说的对，他们在二十年代，曾有一场论争，一直有门户之见。但在1937年鲁迅先生已逝世快满一年了，人死气散，可还对《阿Q正传》不满，我认为可能在文艺思想上，是有抵触。郭沫若先生写的戏剧，其中主要人物，都是他尊重的、喜爱的、以至崇拜的。他是从中华民族中选出优秀的人物，将其可歌可泣的事情，鼓励当世和后代的人。这是他从事文艺的中心思想。他作品中也写坏人，但不占主要地位。要他在作品中，把坏人当成主要人物来写，他不乐意写，也不愿意写。有好多作家下笔的时候，没有他所喜欢的人物作主角，他是写不下去的。我私下认为这是一派，回答林辰同志的信，就这样说的。又一派作家，把他认为可笑可鄙可恨以至可怜的人物，作为作品中的主要人物来写。俄国的果戈里所写的《死魂灵》，兰陵笑笑生写的《金瓶梅》，就是这样做的。《阿Q正传》也是如此。鲁迅先生更讲得明白，他要揭出国民精神的毛病，引起人们来治疗。

我1985年在香港和华人作家共同谈论一个关心的问题：中华民族有什么优点缺点？首先从建设社会主义新中国的人们来找寻。其次，从历史人物中去寻觅。第三也要向世界上一两千万华侨华人来探索。这样两个派别不同的作家，都可以大显身手，努力繁荣文艺，真正做到百花齐放。我们今天还要有宽广的胸怀，容纳文艺中各个流派的流行。我这样说，您同意吗？希望您提意见。

艾芜

1987年2月5日于成都

鄂伦春人在呼玛河上捕鱼　李江树摄

原上草

·第三十八期·

一九八七年五月二日《文艺报》副刊《原上草》发表的《艾芜同志的一封信》

史实写出简注，也是不可缺少的劳作。《艾芜全集》“书信”卷在这方面的工作，做得很不够，以下略举数例。

十九卷本《艾芜全集》第十五卷“书信”中《给妻子的信》头一封信，只标出了年份，月和日都空着，而且书信内容更残缺不全。其实，这一封信和前一天写的另一封信曾经两次全文公开发表过：题目先是《过三峡——旅途通信之一》和《江船风物素描——旅途通信之二》，分两次发表于艾芜自己编的一九四七年八月十日和十五日的《大公晚报·半月文艺》，署名“魏良”；稍后又把两信合成为一文的两节改题为《旅途通信》，直署传世笔名“艾芜”，载于范泉主编的一九四七年年底出版的《文艺丛刊》第三集上。《艾芜全集》“书信”卷第二百九十九页《470000　致王蕾嘉》，是“旅途通信之二”的头一段，这封书信根据行文所述，写于一九四七年七月二十九日；“旅途通信之一”起笔于前一天即二十八日，完成于次日。紧接着的下一封艾芜致王蕾嘉的信也标写信时间为“470000”，依据信中所述，应写于一九四七年八月初。这么一弄，艾芜《给妻子的信》头三封书信的写作具体时间都明明白白了。

艾芜书信写作的具体时间，可以不太费力就弄清的，再举出两例。

第一百八十八至一百九十四页的一封长达五千字的书信，受信人的本名缺考的同时，写信的月日也空着。其实，这封长信说的一件事情，就是这年的第四期《文艺报》发表了艾芜《悼邵荃麟同志》，读者“森林”在“仔细地读了”之后“提出了两点意见”，艾芜借回答“森林”为由头，写了五千字，其实是一篇论文。只要知道发表《悼邵荃麟同志》的《文艺报》当时还是月出一本的刊物，每月十二日出刊，就可以准确地判别这信写于一九七九年四月二十日前后。此信放置在一九七九年二月七日之前，肯定是不对的。依照年份确定、月和日都不确定的书信一般置于该年末尾的惯例原则，此类放法也是不遵守书信顺序编排章法的一种不够规范的做法。发表《悼邵荃麟同志》的该年第四期《文艺报》还没有付印发行，“森林”何以读到文章“提了两点意见”，进而导致艾芜复信予以解答或者讨论呢？稍微动一点儿手脑功夫，就知道这封信在这一卷《艾芜全集》中只能放在第一百九十九页一九七九年的四月十二日之后、五月十五日之前。

第二百四十三页有艾芜致林焕平的书信，只有年份和月份，其实写于哪一天也可以查证出来。艾芜在这封致林焕平的书信开始就有一句“昨天方回到成都”的准确表述。去查艾芜日记，在一九八二年七月十八日有“火车到成都晚了四个多钟头”、“到时是早上七点多钟”、“继湘、王沙来接”的相关记录，在次日有“看信，回信”、“回桂林要原稿和照片的信”之相关记录，正好确证“致林焕平”这信写于七月十九日这一天。

即便不做这么一番查证考索，这封书信是写给林焕平的，而林焕平一九八九年九月在广西师范大学出版社公开印行了一部《作家学者书信集》，共收一百五十四位作家学者的来信五百一十多封，其中就有这封艾芜的书信，在第四十五页，作为标题的写作时间就是明明白白的“1982年7月19日”。想来艾芜的书信手迹确实只有“1982 年七月”，林焕平是如何判断出“19 日”的，不得而知。但他们那一辈的学人大多很认真，估计是接信后从邮局注销邮票的日戳上得知的，林焕平就及时注明在艾芜这封书信上了，这肯定不是蒙出来的一个“19 日”。中国现代文学馆的艾芜藏书中有这本书，打个电话请“艾芜书库”的工作人员帮忙一查也就得知了。

有几个受信人的姓名一看总觉得没有姓氏或者不是本名，如第一百六十页的“敏南”、第一百八十七页的“光廉”、第一百八十八页的“森林”、第二百八十八页的“振科”等。说不定这些受信人都仍健在，虽然不是很容易的事，但费些功夫，是可以弄明白这些人的全名或本名的；作家全集书信卷中的受信人，依惯例最好使用完整的真名实姓或者众所周知的传世笔名。

比如“敏南”，其实就是当时在上海松江秀野桥北一家炼锌厂工作的胡敏南。我是偶然在一大堆艾芜遗物中一个被抽走了信件的空信封上发现这个全名“胡敏南”和他的工作地址及单位的。

再比如“光廉”，出生于一九五〇年前后更别说年岁再长一些的人，凡是从事过中国现当代文学研究教学工作的大都知道山东师范大学有一个冯光廉。上网，“百度一下，你就知道”——冯光廉，一九三四年十月生于河南平舆，一九五七年河南大学（原开封师院）毕业后任教于山东师范大学，一九八六年底调任青岛大学中文系主任。收入《艾芜全集》“书信”卷的“致光廉”这封残信，编者注明“尚未写完”，把写信的时间定在一九七九年。其实，关于这封“致光廉”的信，艾芜日记有过两次清清楚楚的记载，都在一九八五年的四月。——九日的日记写道：“回山东师范大学冯光廉信，回答他关于我的作品《秋收》的问题。”十一日的日记写道：“写完回山东师范大学冯光廉信。”冯光廉已捐献给相关机构的艾芜这封用毛笔小楷工整书写的长达四页的书信，写信时间与艾芜日记所载是一致的。这样就明白了，艾芜手头留下的不是“尚未写完”、没有发走的残信，而是最初构思时的书信初稿前面部分。

至于“森林”，就是刚才说过的艾芜写了五千字长信与之讨论《悼邵荃麟同志》的“受信人”，从艾芜一九八七年的二月二十五日和三月二十六日的日记中可以得知，是一位女性，时任《四川画报》摄影记者，本名孙玲，是艾芜晚年交往得比较频繁的人之一。这封五千字的长篇书信，依惯例在查证了“森林”的本名之后，还是用《致孙玲》的标题好些，加一个“森林，系孙玲的笔名”之类的注文。

“振科”，我查了一下，不敢确定，估计就是查振科，希望有知情人来帮着“弄清楚”这个小小的艾芜受信人之一的全名问题。

《艾芜全集》第十五卷“书信”卷还有把一个受信人弄作两处不同姓名的，如第四十八页有一封致王诗农的信，此外还有七封是致林辰的信，分别在第四十三页、第五十页、第八十四页、第八十六页、第一百四十一页、第一百五十九页和第二百六十九页。这里的两个不同姓名“王诗农”和“林辰”，其实是一个人，以“林辰”这个名字传世。说来也奇怪，第四十三页《481120　致林辰》有题注，明明白白地写着“林辰（1912—2003），原名王诗农”，但又何以

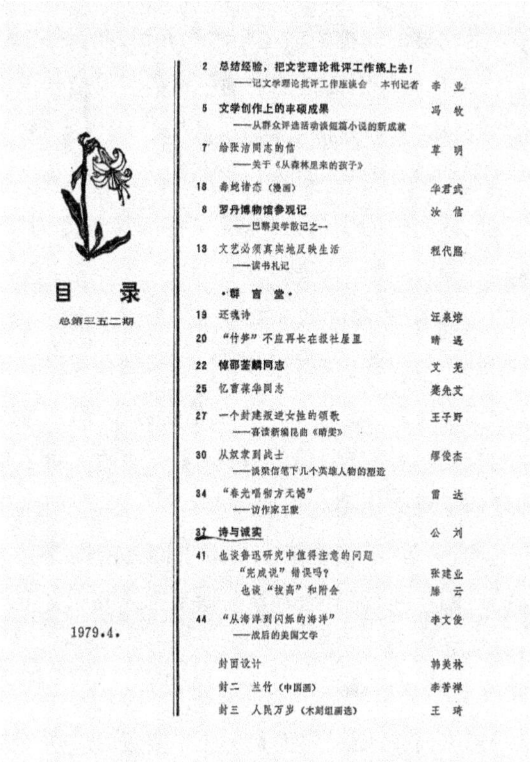

目　录

总第三五二期

1979.4.

一九七九年第四期《文艺报》目录页

用《520710　致王诗农》为题目呢？

更明显的同类失误在第六十五页，此页一封信标为"致珍妮等"，而接下去的一页另一封信却又标为"致汤珍妮"。这两处的"珍妮"和"汤珍妮"实为一个人，就是艾芜夫妇的大女儿。作为书信集子中的规范标题中的受信人，这儿只能一律规范为"汤珍妮"。

艾芜书信，保守估计至少他六十多年的文字生涯中曾经写作寄出应有五千封以上，现今存世者不会少于两千封。艾芜的不少书信十分珍贵，因为艾芜的资历、阅历和身份等，都证实着他的大量书信即便信手写来也是有史实含量的。《艾芜全集》第十五卷"书信"不仅在量上留下了继续搜集艾芜书信的广阔空间，而且也有重新据手迹或原刊文字再行释文加注的必要。

《艾芜全集》第十五卷"书信"在目录编排上不是一封书信一条编目，而是一年一条编目。这不是"创新"，是偷懒！应该一封信一条编目，后示页码——四百五十九封书信，就应该是四百五十九条编目。如果一定要在这部“书信”卷另立“《给妻子的信》”专辑的话，可以把十八封艾芜写给他的孩子们的书信一并另立编辑为“家书”。这部“书信”卷中低级的编校失误也不少，如第八页把“良友公司”误为“良左公司”、好多地方把“赵家璧”误为“赵家壁”，等等等等。

当然，在人力、时间、经费等有关要素方面都不太宽裕的情况下，能在艾芜诞辰一百一十周年之际赶出一整套十九卷本《艾芜全集》，而且硬精装本和平装本同时出版，仍是值得欣慰的。至少这第十五卷“书信”卷，让有研究艾芜计划的科研教学工作者多出了四百五十九件史实文献。细细爬梳这已有的四百五十九件艾芜书信中的史料，可以发现大量鲜为人知的中国现当代文学史上的原生态史实，比如：艾芜早年写给沙汀的书信中，就有关于《南行记》拟重印在桂林接受当时的政府有关机构审查未获批准的述说；第二十二页一封书信艾芜谈及他曾将已发表在《中原》上的旧稿《火车上》“另改一个题目”在《贵州日报》副刊又一次发表，就提供了艾芜创作中不仅有过一稿多投的状况，而且还有着“异题同文”的现象，在编制艾芜著作目录时要细细查看原文后再落笔。

孙犁说过，凡是公开出版书信和日记，最好在印行排字本的同时也出版其书信日记原稿手迹的影印本。孙犁的本意在我想来应该是，因为一旦从手稿转排不仅很容易出现差错，而且参与编辑和出版的人在处理稿件的过程中除了无意间的差错，一般都会不由自主地依据现实中的各类框框和意愿改动一些他们认为是犯忌或者不太妥当的文字，甚至不加说明地删改一些内容，这就失去了出版属于“私密史实文献”类的书信和日记的本来意义了。

孙犁是在告诫我们：出版作家的书信和日记，如果要做到完全忠实于原文，只有出版手迹影印本。所以我也希望，有机会有条件了，把已发现和保存下来的艾芜书信全部手迹影印出版，因为这才是艾芜书信的本来形态。影印本《艾芜书信手迹全编》如果问世了，其中被这一版的排印本《艾芜全集》第十五卷误释误植之处就可以自动完美地得到订正。尽管艾芜笔下确实也会出现差错，如他习惯把女作家张辛欣的名字错写成“张欣辛”、如前所引他把上海图书馆工作人员萧斌如写为“肖斌如”之类的习惯笔误，但是一旦面对艾芜的书信手迹影印本，我们还是可以明确分辨出来艾芜的习惯表述以及艾芜要说什么的。

编　后

这本小书中《艾芜等十二人“座谈”周扬文章在哪一天?》一文末尾，我破例发了我此类文章少有的四十个字的“议论”，排为两个自然段，如下：

稍微动点儿考证的劳作，也就是多翻几册相关的书刊，便可以让历史活起来。

——历史，本来就是活的。

因为在一个小范围的园地劳作得太久了，圈内同行和相关读者，无论熟悉我还是不熟悉我这个人的，几乎都知道我是搞中国现当代文学考证的。在上引这两个自然段的“议论”里，我把我自己的“考证”全部“家底”都和盘兜出来公开了——“考证”，其实“就是多翻几册相关的书刊”，是重体力劳动加上长时间磨泡，才华还在其次。

大学毕业后我这三十多年，无论在出版界苦读书稿校样还是在大学“卖嘴”干人之患，干完本职活路之后，我几乎都在弄“考证”。版本研究、文本勘订这类文案实质上也全是考证，也就是不停地把研究材料弄齐了反反复复对照比较，而后写出结果。

如此苦差，一干就是三十多年，值不值得？或者说，我所效劳的这门学科需不需要我这种劳作？

有时不免想到这个让我不寒而栗的尘俗问题。

现实处境的切身经历，我还一次都没有碰到过同行对我的专业劳作当面称赞。有几次，长我十多岁的同行向一群学生介绍我，都不约而同地指着我说：“这位龚老师是搞资料的。”最近的一次，老家武汉的一位关系还算好的同行长兄又当着我校某专业的一群研究生，介绍我“是搞资料的”，把我弄“毛”了，我立即反抗：“你们不太熟悉的龚老师是搞中国现代文学实证研究的，就是不作空洞的议论，用实实在在的确凿证据对文学现象和史实进行考察。”这位老乡兄长见我一脸严谨，本来就苍老的脸更黑了，当晚他本来想邀请我陪他们夫妇吃一顿我校一位“副院长”的宴请，我说“这种饭我从来不吃的”，弄得老兄一脸尴尬。

这一回，算是阿Q式地为我的研究挽回了一点儿面子。

不管别人怎么议论，事实上这三十多年我都是一如既往地弄我的“实证研究”。收录在这本《旧日文事》的近二十篇文章，读者只要耐着性子读完其中任何一篇文章，你就会忍不住找时间再读其他的文章。因为我真是把我遇到的问题，尽力地甚至是吃力地解决了的。你读一篇，就会有一篇的收获。虽然我的考证，不是惊天动地，但毕竟会让你欣赏正常或者人为的“史实死结”被我的努力解密而打开之后的豁然开朗之美。

本书最后一篇谈《艾芜全集》“书信”卷的长文章，不是说点儿好话加点儿指责的所谓廉价书评，是我花费了两三个月弄出来的具有建设性质的研究。我在文章中把编辑作家全集的书信卷的内在原则和具体操作程序用我的实证予以表达。当我全文完工，发送给上海的一家声名颇佳的学术刊物的执行主编，这位中国现代文学实证研究的著名学人读完全稿马上决定立即编入他们的刊物公开发表。

本书中好几篇文章都是在《中华读书报》和《文汇读书周报》上发表的。这两家读书类好报，对于我的考证类文章，也是鼓励的。

本书有幸进入上海辞书出版社近几年已经出版了三辑共三十本的名牌丛书《开卷书坊》，也是让我高兴的事情。《开卷书坊》主持人宁文是老朋友，这里就不说见外的感谢的话了。

我三十多年的考证实践证明：弄研究，一定要按照特定学科的客观需要去主动地为该学科效劳，自说自话、空对空对谁都毫无益处。学术研究，永远只是接力劳作。不尽可能多地细读研究课题的相关材料，只用泛泛的议论、发挥和抒情等机巧痴迷于建构自己的"学术体系"，无论谁，都注定是徒劳的。

实实在在的研读成果，不管多么微小，于学术大厦均功莫大焉。

www.ingramcontent.com/pod-product-compliance
Lightning Source LLC
Chambersburg PA
CBHW051135020726
47501CB00005B/1521
* 9 7 8 7 5 3 2 6 4 4 0 1 8 *